Bernd Oberhoff
Carl Maria von Weber
Der Freischütz

A

ol

E 14,95

IMAGO
Psychosozial-Verlag

Bernd Oberhoff

# Carl Maria von Weber
# Der Freischütz

Ein psychoanalytischer Opernführer

Psychosozial-Verlag

Bibliografische Information Der Deutschen Bibliothek
Die Deutsche Bibliothek verzeichnet diese Publikation
in der DeutschenNationalbibliografie; detaillierte bibliografische
Daten sind im Internet über <http://dnb.ddb.de> abrufbar.

Originalausgabe
© 2005 Psychosozial-Verlag,
Goethestr. 29, 35390 Gießen,
Tel.: 0641/77819, Fax: 0641/77742.
e-mail: info@psychosozial-verlag.de
www.psychosozial-verlag.de
Alle Rechte, insbesondere das des auszugsweisen Abdrucks
und das der fotomechanischen Wiedergabe, vorbehalten.
Redaktion: Kristine Klein.
Satz: Christof Röhl.
Umschlagabbildung: Bühnenbildentwurf von Ewald Dülberg
für die Inszenierung von Dr. Heyn, 1928.
Druck: Majuskel Medienproduktion GmbH, Wetzlar.
www.digitalakrobaten.de
ISBN 3-89806-467-0

# Inhalt

Carl Maria von Weber
(1786–1826)

# Der Freischütz

## Romantische Oper in 3 Aufzügen

*Libretto*: Friedrich Kind
*Uraufführung*: 18. Juni 1821
Königliches Schauspielhaus Berlin
unter der Leitung des Komponisten

### Auftretende Personen

| | |
|---|---|
| Ottokar, böhmischer Fürst | Bariton |
| Kuno, sein Erbförster | Bass |
| Agathe, dessen Tochter | Sopran |
| Ännchen, deren junge Verwandte | Sopran |
| Kaspar, 1. Jägerbursche | Bass |
| Max, 2. Jägerbursche | Tenor |
| Ein Eremit | Bass |
| Kilian, ein Bauer | Bariton |
| Samiel, der »schwarze Jäger« | Sprecherrolle |
| Einzelne Brautjungfern | Soprane |

Jäger, Landsleute, fürstliches Gefolge,
Musikanten, spukhafte Erscheinungen

Ort und Zeit der Handlung:
Im Böhmerwald, kurz nach Beendigung des 30jährigen Krieges.

# 1. Die Handlung der Oper

## 1. Akt

Im Böhmerwald, kurz nach dem 30jährigen Krieg, wird auf einem Platz vor einer Waldschänke ein Schießen veranstaltet. Der Bauer Kilian geht als Sieger hervor und wird mit Jubelchören als Schützenkönig gefeiert. Der Jägerbursche Max hingegen hat nicht ein einziges Mal getroffen und wird von den Umstehenden verspottet.

Max liebt Agathe, die Tochter des Erbförsters Kuno. Max möchte Agathe heiraten und Nachfolger des Erbförsters werden. Doch dazu muss er einen Probeschuss ablegen. Trifft er nicht, so kann er Agathe nicht zur Frau nehmen.

In dieser Drucksituation versucht ihn der ältere Jägerbursche Kaspar dazu zu überreden, sich mit dem Teufel (dem schwarzen Jäger Samiel) einzulassen und um Mitternacht in der Wolfsschlucht Freikugeln zu gießen. Es werden bei solch einem magischen Ritual immer sieben Kugeln gegossen: sechs treffen und die siebte lenkt der Teufel.

Max zögert zunächst. Um ihn davon zu überzeugen, wie vorzüglich Freikugeln treffen, gibt Kaspar Max sein geladenes Gewehr und deutet auf einen in großer Höhe fliegenden Adler. Kaum hat Max angelegt, geht die Flinte los und der Adler stürzt getroffen herab.

Max ist nun bereit, sich um Mitternacht mit Kaspar in der Wolfschlucht zum Freikugelgießen zu treffen, damit er am nächsten Tag den Probeschuss sicher bestehen kann. Kaspar triumphiert.

## 2. Akt

Agathe und Ännchen im Forsthaus. Das Bild des Ahnherrn Kuno ist zur selben Zeit herabgefallen, als Max die Freikugel abschoss und hat Agathe am Kopf leicht verwundet. Agathe ist durch den Vorfall beunruhigt, doch Ännchen versucht sie durch Scherze wieder aufzuheitern. Agathe erwartet Max mit guter Nachricht vom Königsschießen.

Max erscheint, wagt es aber nicht, Agathe die Wahrheit über seine Niederlage beim Schießen zu sagen. Er gibt vor, wieder fort zu müssen, um in der Wolfsschlucht noch einen erlegten Hirschen hereinzuholen. Trotz der Warnungen und des Flehens von Agathe und Ännchen macht sich Max auf den Weg hinaus ins Dunkel der Nacht.

Szenenwechsel: Die nächtliche Wolfsschlucht. Kaspar ist bereits vorzeitig in der Wolfsschlucht und versichert sich der Hilfe des schwarzen Jägers Samiel. Max erscheint und wird von zwei Geistererscheinungen gewarnt. Die eine ist seine Mutter, die andere ist Agathe, die sich im Wahnsinn ins Wasser zu stürzen droht.

Max steigt entschlossen die Schlucht hinab zu Kaspar, der alsbald mit dem magischen Kugelgießen beginnt. Unheimliche Spukerscheinungen begleiten dieses Geschehen.

## 3. Akt

Im Forsthaus erzählt Agathe am Morgen des folgenden Tages einen erschreckenden Traum: Sie sei in eine weiße Taube verwandelt gewesen; Max zielte nach ihr und sie stürzte. Dann war sie wieder Agathe und ein großer Raubvogel wälzte sich im Blut.

Ännchen versucht Agathe zu beruhigen und aufzuheitern. Dann erscheinen die Brautjungfern und singen: »Wir winden dir den Jungfernkranz«. Als aber Agathe die Schachtel öffnet, ist, zum Erschrecken der Umstehenden, darin ein silberner Totenkranz, der bei Agathe dunkle Ahnungen aufkommen lässt.

Szenenwechsel. Auf einem Platz im Wald wird in Anwesenheit einer Jagdgesellschaft der Probeschuss vorbereitet. Fürst Ottokar fordert Max auf, auf eine weiße Taube zu schießen, die sich auf einem Ast niedergelassen hat. Sechs der Freikugeln sind bereits verschossen, so dass Max von seiner siebten Kugel Gebrauch machen muss. Im Moment des Schusses taucht Agathe hinter dem Baum auf und stürzt zu Boden. Auch Kaspar, der auf einem benachbarten Baum gesessen hatte, stürzt getroffen herunter. Samiel hatte die Freikugel auf ihn gelenkt. Kaspar verstirbt mit einem Fluch gegen Samiel auf den Lippen.

Agathe war durch ihre aus heiligen Rosen geflochtene Krone vor dem Schuss geschützt. Sie erwacht und kommt wieder zu Kräften. Fürst Ottokar verlangt von Max Aufklärung über die eigenartigen Geschehnisse. Max gesteht, mit Freikugeln geschossen zu haben, woraufhin der Fürst ihn in die Verbannung schicken will.

Da tritt der Eremit auf die Szene und bittet für Max um Nachsicht. Er spricht sich für die Abschaffung des Probeschusses aus und verordnet Max ein Probejahr, um wieder auf den Pfad der Tugend zurück zu finden. Der Fürst und alle Umstehenden sind mit dieser weisen Entscheidung einverstanden und vereinen sich zu einem festlichen Schlussgesang, der mit den Worten endet: »Wer rein ist von Herzen und schuldlos im Leben, darf kindlich der Milde des Vaters vertraun!«

# 2. Einleitung

Webers Freischütz ist die erste *romantische* Oper in der Reihe meiner psychoanalytischen Opernführer. Ich war mir zunächst nicht sicher, ob sich auch in romantischen Opern – wie in den von mir analysierten Opern der Klassik – eine unbewusste Sinnebene abbildet, die vom Komponisten mitkomponiert und in ihrer Thematik deutlich und stringent genug dargestellt wird. Nach mehrmaligem Hören der Oper wich meine Skepsis jedoch einer eindeutigen Gewissheit, dass auch im Freischütz ein latentes psychologisches Thema mitschwingt, das sowohl textlich als auch musikalisch zielgerichtet entfaltet wird. Es handelt sich allerdings um einen anderen unbewussten Themenkreis, der mir in den klassischen Opern bisher nicht begegnet ist.

Was am Freischütz als erstes auffällt, ist der Ort und die Personen der Handlung. Spielten die klassischen Opern überwiegend in Arkadien oder in anderen mythischen Welten, so ist das Neue am Freischütz, dass seine Handlung in einer allen Zuschauern vertrauten profanen Alltagswelt stattfindet: im Forsthaus, in der Schänke bzw. im Wald. Die handelnden Personen sind keine Götter, keine Könige, ja nicht einmal von adeligem Geschlecht, sondern es sind Menschen aus dem Volk, vorzugsweise Jäger und Bauern. Man gewinnt allerdings den Eindruck, dass der eigentliche Hauptdarsteller dieser Oper der deutsche Wald ist! Warum der Wald?

Der Mensch der Romantik war tiefgründig und interessierte sich für das, was hinter den äußeren Erscheinungen an geheimnisvollen Kräften webte und wirkte. Und da der Wald von je her etwas Geheimnisvoll-Bedrohliches an sich hatte und als ein Ort phantasiert wurde, an dem Hexen, Zwerge wie auch der Teufel sein Unwesen treiben, zog der Wald zwangsläufig das Interesse des romantischen Menschen auf sich. So wie der Jägerbursche Max sich im »Freischütz« zu nächtlicher Stunde hinaus in die Wolfsschlucht wagt, so wagt es auch der romantische Mensch, sich in Kontakt mit den geheimnisvollen Kräften zu begeben. Das Objekt seines forschenden Interesses war dabei nicht nur auf das Hintergründige der Natur gerichtet, sondern galt auch den Tiefen und Abgründen der menschlichen Seele.

Hinsichtlich Webers »Freischütz« waren sich die Experten von Anfang an darüber im Klaren, dass diese Oper nicht nur äußere Natur malt, sondern auch innere Gefühle, Phantasien und psychische Wirkmächte beschreibt. So meint Zentner, dass die Wolfsschluchtmusik »nicht nur die realistische Schilderung einer Sturmnacht ist, sondern deren Widerschein in der leidenschaftlich aufgewühlten Einbildungskraft der beiden Jägerburschen« (Zentner 1984, S. 11) darstellt. Noch weiter ins Innerpsychische geht Pahlen (1982), der die Spukwelt der Dämonen als eine Widerspiegelung »des eigenen Unterbewusstseins« ansieht.

Es hat sich bislang allerdings niemand die Mühe gemacht, diese vermuteten Kräfte des Unbewussten einmal genauer zu benennen. Das ist verständlich, denn die Benennung dieser Kräfte zerstört zwangsläufig eine süße Illusion, aus der heraus man diese Oper zu hören pflegt. Es ist viel angenehmer und beruhigender, abstrakt von »finsteren Mächten« oder vom »Geisterreich« zu sprechen. Jemand, der diese finsteren Mächte beim Namen nennt, wird zwangsläufig zum Spielverderber und muss mit verärgerten Reaktionen der Opernfreunde rechnen. Denn der Genuss dieser Oper besteht ja gerade darin, dass man nicht weiß, was man hier mit so viel Spaß genießt. Manch einer könnte erschrocken darüber sein, wenn offenbar wird, welche geheimen Triebwünsche durch die Musik dieser Oper eine Befriedigung erfahren.

Ein Aufdecken der latent wirkenden psychischen Kräfte lässt das Faszinosum dieser Oper nicht unangetastet. Wenn der Hörer erst einmal ein Bewusstsein über die an der Rezeption dieses Musikwerkes beteiligten unbewussten Triebregungen und Wunschphantasien besitzt, ist ein naives Hören kaum mehr möglich. Und trotzdem möchte ich Sie dazu einladen, sich auf meinen analysierenden Gang durch die Oper einzulassen. Denn nur derjenige, der die in dieser Oper ausgedrückten Triebwünsche und Phantasien aus seinem Bewusstsein ausgeschlossen halten möchte, wird mit dem Inhalt dieses Opernführers Schwierigkeiten haben. Wer zu diesen Kräften einen tolerierenden Zugang besitzt, wird mit dem Verlust des Faszinosums zurechtkommen. Denn ein tiefgründiges Verstehen eines Kunstwerks hält neue Arten der Befriedigung und des Genusses bereit, da es zu einem differenzierteren Hören verhilft. Eine psychoanalytische Analyse kann einer Musik – sofern sie eine wahrhaftige, authentische Schöpfung darstellt – von ihrer Wirkmacht nichts nehmen. Im Gegenteil. Dieses Musikwerk wird gewinnen, da seine Genialität und psychologische Wahrheit noch deutlicher und umfassender erkannt und erlebt werden können.

So werde ich mich im Folgenden – in guter romantischer Tradition – daran machen, die geheimnisvollen Kräfte zu ergründen, die in dieser Oper hinter der so expressiv und lautstark übermittelten Begeisterung für die Jagd und den deutschen Wald verborgen gehalten werden.

# 3. Ouvertüre:
## Das »wild erregte Orchester«

Die Ouvertüre beginnt mit einem in der Tiefe im *Pianissimo* geheimnisvoll umherwebenden Streicherklang, der bedrohlich an- und wieder abschwillt. Dieses An- und Abschwellen (von Takt 1 auf Takt 2 und von Takt 5 auf Takt 6) geschieht kurz und heftig. Es ist dazu angetan, beim Zuschauer eine gewisse Unruhe aufkommen zu lassen, die man durchaus als Angstlust bezeichnen könnte. Man wartet gespannt auf das, was folgen wird.

Die gespannte Unruhe wird erst einmal wieder aufgelöst. Ein ruhiges, Waldduft atmendes Thema, klangvoll von den Hörnern vorgetragen, breitet sich im großen Rund des Theaters aus.

Doch diese Entspannung währt nur 16 Takte, dann künden Kontrabässe im *pizzicato* gemeinsam mit leisen Paukenschlägen und gespenstig tremolierenden Streichern erneut etwas Bedrohliches an. Wie zu Beginn erleben wir ein spannungsgeladenes *Crescendo*, dessen auflodernde Energie auch hier zunächst noch einmal gestoppt werden kann.

Aber dieses Stoppen führt zu keiner wirklichen Entlastung, sondern eher zu einem Energiestau.

Und so ist es vorauszusehen, dass ein Zurücknehmen dieses Energiepotentials ein weiteres Mal nicht mehr gelingt. Die Schleusen werden aufgestoßen und gewaltige Triebkräfte drängen aus der Tiefe in zwei crescendierenden Wellen nach oben. Das *C-Dur* hat sich zu einem *c-moll* verdüstert und das gemächliche Adagio ist einem spannungsgeladenen *molto vivace* gewichen. Ein synkopisierter Rhythmus versucht offenbar noch eine gewisse Bremsfunktion auszuüben, doch dieser neuerliche Stau bewirkt nur, dass die nicht mehr aufzuhaltende Entladung umso eruptiver, ja, man muss sagen, umso orgiastischer ausfällt.

**Molto vivace**

Die von mir gewählte sexuelle Konnotation drängt sich deswegen auf, weil die Musik nicht wirklich etwas Schreckliches an sich hat, sondern bei aller Spannungsgeladenheit durchaus als lustvoll charakterisiert werden kann. Es ist dies keine leichte oder lockere Lust, sondern eine leidenschaftliche, laute, heftige, ja aggressive Lust. Auch Kurt Pahlen, dem es sicherlich äußerst fern liegt, hier sexuelle Triebkräfte am Werke zu sehen, verwendet Begriffe, die diese Deutung unterstützen. Bei ihm lesen wir zu diesen Takten (Beginn des *molto vivace*):

> »Dann bemächtigt sich Erregung des Orchesters. Die »finsteren Mächte« recken die Hand aus der Tiefe empor... Heftig bewegte Streicher steigen aus tiefen Lagen empor..., schließlich drängende Akkorde, bereit zur Entladung. Und dann schließlich, nach ... stockenden Rhythmen, der gewaltige Orchesterausbruch« (Pahlen 1982, S. 14f.).

Wenn wir in Pahlens Zitat die »Hand, die sich aus der Tiefe emporreckt« durch ein anderes Gliedmaß ersetzen, so kommen wir der psychoästhetischen Anmutungsqualität dieser Musik sehr nahe. Die Musik ist hier ausgesprochen sexuell und zwar leidenschaftlich, orgiastisch sexuell. Entsprechend können wir davon ausgehen, dass es bei dieser einen Entladung nicht bleiben wird. Und so jagt das Orchester in tosendem Fortissimo dahin, neuerliche Synkopen verdichten die Triebenergien und durch massierte nach oben drängende Akkordblöcke wird die (Lust-)Energie gesteigert, bis sie sich in einem nächsten Höhepunkt entlädt.

Doch auch nach diesem Lustritt hat sich die libidinöse Energie keineswegs erschöpft. Wir erleben ein Ringen der Kräfte. Aufgrund der ausgeprägten Körperlichkeit der Musik ließe sich auch formulieren: ein Ringen der Körper. Stürmische Auf- und Abbewegungen der Streicher münden in ein befreiendes kraftvolles Schmettern der Hörner. Mit großer Leidenschaft (*con molto passione*) ist dann über tremolierenden Streicherklängen eine Klarinette zu vernehmen, die in einer abwärts gerichteten Kantilene das orgiastische Treiben zu einer gewissen Beruhigung bringt.

Das sich anschließende liedartige Thema aus Agathes Arie (»Himmel, nimm des Dankes Zähren«) mit den aus der Volksmusik vertrauten Wechselbässen verbreitet dann eine wohlige Entspannung und trägt zu einer weiteren Besänftigung der »wild erregten Stimmung« (Pahlen) bei.

Doch die Wogen sind noch nicht endgültig geglättet. Agathes *Dolce*-Melodie erfährt eine abrupte Unterbrechung: Eine erneute Spannungs-verdichtung mit anschließender Entladung bricht sich in zwei Wellen Bahn. Dann sinkt das Geschehen ins Pianissimo zurück, an deren Ende eine ganztaktige Pause steht.

Aus der Stille der Generalpause heraus erfolgt dann ein urplötzlich einsetzender Fortissimo-Akkord des gesamten Orchesters in einem strahlenden C-Dur.

Dieser Orchesterschlag wird von Opernexperten oftmals als ein Sieg bzw. Jubel der hellen über die dunklen Kräfte beschrieben. Mir erscheint dieser Akkord jedoch weniger als »jubelnd«, sondern viel-mehr als ausgesprochen gewalttätig. Er knallt los wie ein Schuss und lässt jeden Zuschauer unweigerlich zusammenzucken.

Spätestens dieser Tuttischlag macht deutlich, dass wir es in dieser Oper mit einer hoch explosiven Mischung aus sexuellen und aggres-siven Kräften zu tun haben. Auch die leidenschaftlich libidinösen

Passagen im ersten Teil der Ouvertüre waren ja bereits mit einiger
Heftigkeit und Aggressivität angefüllt. Offenbar gehört es zur Aufgabe der ebenfalls in dieser Ouvertüre eingefügten lieblichen, volkslied-
artigen Melodien, dafür zu sorgen, dass die libidinös-aggressiven Kräfte nicht überborden und außer Kontrolle geraten. Man darf gespannt
sein, welche psychodynamische Thematik sich hinter dieser machtvollen, sexuell-aggressiv getönten Musikkulisse verbirgt.

Bei aller diagnostizierten Heftigkeit: Die Musik ist wunderschön.
Diese Ouvertüre ist ein Feuerwerk an sprühenden musikalischen
Ideen, die nahezu zwingend aufeinanderfolgen und ein großartiges
konzertantes Musikstück entstehen lassen, das wie aus einem Guss
erscheint. Spätestens hier am Ende dieser fulminanten Ouvertüre
verstehen wir die Begeisterungsstürme, die Carl Maria von Weber
bereits zu Lebzeiten überall dort erfuhr, wo er diese Ouvertüre zur
Aufführung brachte.

# 4. Die ödipalen Ängste:
# Wenn das »Rohr« nur ein »Röhrchen« ist

Der Vorhang hebt sich und lässt uns auf einen Platz vor einer Waldschänke schauen. Im Hintergrund ist eine Vogelstange zu sehen, um die herum sich eine große Menschenmenge drängt. Im Vordergrund sieht man Max an einem Tisch sitzen, vor sich den Krug. Bald nach dem Aufgehen des Vorhangs fällt von Kilians Büchse ein Schuss und das letzte Stück einer Sternscheibe fliegt herunter. Kilian jubelt und das Volk schreit: »Viktoria, der Meister soll leben«.

Genauso dramatisch, wie die Ouvertüre endet, beginnt die erste Szene. Aufgeregte Streicherfiguren bauen eine mächtige Spannung auf, die sich mit dem Königs-Schuss des Bauern Kilian entlädt.

**Aufzug, 1. Auftritt**

**Das Volk**
Ah, ah! Brav! Herrlich getroffen!
(*jubelt und klatscht*)

**Max**
(*bis jetzt die geballte Faust vor der Stirn, schlägt damit heftig auf den Tisch, ausrufend*)
Glück zu, Bauer!

**Chor der Landleute**
Viktoria! Viktoria! Der Meister soll leben,
der wacker dem Sternlein den Rest gegeben!
Ihm gleichet kein Schütz von fern und von nah!
Viktoria! Viktoria! Viktoria!
(*allgemeiner Jubel, die Stange wird herabgelassen*)

**Max**
Immer frisch! Schreit! Schreit!
(*Er stampft mit der Büchse auf den Boden und lehnt sie an einen Baum.*)
War ich denn blind?
Sind denn die Sehnen dieser Faust erschlafft?
(*Es ordnet sich auf der Bühne ein Zug von Landleuten, vorneweg die Musikanten. Der Zug geht im Kreise herum und alle, die bei Max vorbeikommen, deuten höhnisch auf ihn, verneigen sich, flüstern und lachen. Zuletzt bleibt Kilian vor Max stehen und singt höhnisch:*)

**Kilian**
Schau der Herr mich an als König!
Dünkt Ihm meine Macht zu wenig?
Gleich zieh Er den Hut, Mosje!
Wird Er, frag ich, hehehe?

**Mädchen**
(*aushöhnend, Rübchen schabend, mit dem Finger auf Max deutend*)
Hehehehehehehehehehehe!

**Männer**
Wird Er – frag ich? Wird Er – frag ich?
Gleich zieh Er den Hut, Mosje!
Wir Er, frag ich, wird Er, hehehe?

**Kilian**
Stern und Strauß trag' ich vorm Leibe!
Kantors Sepherl trägt die Scheibe!
Hat Er Augen nun, Mosje?
Was traf Er denn, he, he, he?

**Chor**
*(wiederholt die letzten Zeilen)*

**Kilian**
Darf ich etwa Eure Gnaden
's nächste Mal zum Schießen laden?
Er gönnt andern was, Mosje!
Nun, Er kommt doch, he, he, he?

**Chor**
*(wie zuvor)*

**Max**
*(springt auf und fasst Kilian bei der Brust)*
Lasst mich zufrieden oder – !

Dieser Auftakt der Oper ist äußerst kraftvoll und musikantisch. Auf
der Bühne formiert sich ein eigenes kleines Orchester, das in bester

Tradition böhmischer Volksmusik mit handfester Lust musiziert. Es herrscht ausgelassene Stimmung und mit einem schmissigen Jubelchor wird der neue Schützenkönig gefeiert.

Doch Gefühle von Freude und Jubel weichen sehr bald einer anderen Emotion: dem Spott. Dass ein Bauer besser geschossen hat als ein Jäger, wird von Kilian prahlerisch herausgestellt. Kilians Spott greift der Chor auf mit einem musikalisch genialen aber schneidend höhnischen »hehehehehe«, das dem Jägerburschen Max sicherlich durch Mark und Bein gegangen sein wird. Aber es sind nicht nur die Männer, sondern vor allem die Mädchen, die »Rübchen schabend mit den Fingern auf Max deuten« und ihn als Versager verhöhnen. Diese Verhöhnung vom anderen Geschlecht wird Max als besonders demütigend empfunden haben, da sie ihn wie einen Potenzschwächling dastehen lässt.

Was hat es zu bedeuten, dass der anfängliche Jubel so schnell in einen depotenzierenden Spott umkippt, der dazu angetan ist, bei dem Verspotteten heftigste Scham- und Versagensgefühle aufkommen zu lassen?

Es gibt lebensgeschichtlich eine Situation, in der diese Frage, inwieweit die eigene Potenz genügend entwickelt ist, um eine Frau glücklich zu machen, besonders virulent und gleichzeitig hoch angstbesetzt ist. Ich denke an die Zeit des kleinen Kindes im Alter etwa von drei Jahren, bei dem sich zum ersten Mal die genitale Sexualität zu regen beginnt. Für den kleinen Jungen ist es die Mutter, auf die sich seine heftigen sexuellen Liebeswünsche richten.

Aber es bleibt dem kleinen Jungen auch nicht verborgen, dass es um den Liebesbesitz der Mutter noch einen großen mächtigen Rivalen gibt. Und das Fatale ist, dass dessen Liebesorgan viel größer ist als das Eigene. Und diese bedrückende Feststellung lässt Ängste und Befürchtungen aufkommen, dass das eigene »Röhrchen« gegenüber dem machtvollen »Rohr« des Vaters zu klein sein und von der Mutter als ungenügend und enttäuschend empfunden werden könnte.

Die Eingangsszene dieser Oper besitzt eine hohe gefühlsmäßige Affinität zu dieser frühkindlich ödipalen Situation. Der erwachsene Max erlebt vergleichbare Potenzzweifel und der massive Spott lässt alte ödipale Ängste einer Organminderwertigkeit wieder wach werden. Eine sexuelle Konnotation ist in den Spottgesängen unüberhörbar, etwa wenn die Volksmenge höhnend fragt: »Wird er – frag ich, wird er, hehehe?... Was traf er denn, hehehe? ... Nun, er kommt doch, hehehe?«

Diese Konstellation einer kindlich-ödipalen Situation mit der dazugehörigen Angst, ob die eigene sexuelle Ausstattung und das eigene sexuelle Vermögen genügend entwickelt sind, um die begehrte Frau (die Mutter) gewinnen zu können, gibt uns eine Richtung an, in der die in der Ouvertüre bereits machtvoll andrängende (musikalische) Sexualität zu verorten ist. Es handelt sich um ödipale Wunschphantasien leidenschaftlicher sexueller Lust, die im Orchester und den lustvollen Gesängen von dem Chor und dem Schützenkönig Kilian einen Ausdruck finden. Mag auch das ödipale Kind nur sehr unbestimmte Vorstellungen davon haben, wie eine genitale Sexualität zwischen Mann und Frau konkret vonstatten geht, er weiß aber sicher, dass diese Vereinigung leidenschaftlich und mit der Erwartung höchster Lust verbunden ist. Webers Musik weiß es auch und hält mit diesem Wissen nicht hinterm Berg.

Wenn das familiäre affektive Klima nicht einfühlsam für die Ängste des kleinen Jungen ist, sondern die Eltern ihn spüren lassen, dass er noch zu klein ist und – als eine Steigerung, so wie in dieser Szene – ihn gar verspotten wegen seiner Kleinheit und seines unzureichenden

»Röhrchens«, so beraubt man das Kind der für seine weitere psychische Entwicklung so wichtigen Möglichkeit, die auftauchenden ödipalen Wünsche und Ängste zuzulassen und auszuphantasieren. Wird er wegen seiner genitalen Unreife gehänselt und verspottet, so wird er die ödipale Situation nicht meistern, sondern sie in toto in die Verdrängung schicken, was seine Entwicklung massiv beeinträchtigt: Eine neurotische Fixierung an die ödipalen Objekte und ein lebenslanger Kampf mit ihnen ist dann vorgezeichnet.

Der gehässige Spott-Chor und Kilians Triumphlied beschwören also die Gefahr herauf, dass Max die Tatsache seiner körperlichen und sexuellen Unzulänglichkeit als so unerträglich empfindet, dass er sie aus seinem Bewusstsein tilgen und stattdessen zu kompensierenden Allmachtsphantasien Zuflucht nehmen wird. So sinniert Max mit düsterem Blick und deprimierter Stimmung über seine Unzulänglichkeiten nach: »Sind denn die Sehnen meiner Faust erschlafft?« fragt er sich verzweifelt gleich zu Beginn des ersten Auftritts. Doch diese Äußerung ist sexualsymbolisch wohl als eine Verschiebung von unten nach oben zu werten. Es geht in dieser Szene wohl weniger um das Erschlaffen von Sehnen der Faust als um das Erschlaffen der Sehnen des Liebesorgans. Maxens Selbstzweifel kreisen letztendlich um sein »Rohr«, das sich beim Königsschießen als potenzschwaches »Röhrchen« erwiesen und ihm öffentlichen Spott eingetragen hat. Wie (doppeldeutig) wahr sind doch die Worte Kunos im nachfolgenden Terzett: »Leid oder Wonne, beides ruht in deinem Rohr!«

In Maxens hochpeinlicher Not erscheint der Erbförster Kuno und weist die höhnende Menge in die Schranken. »Triumphator« Kilian versucht das Ganze herunterzuspielen, indem er behauptet, dass es üblich ist, einen Schützen zu verhöhnen, der nie getroffen hat. Und fügt hinzu:

## 1. Aufzug, 2. Aufritt

**Kilian**
Es ist freilich arg,
wenn der Bauer einmal über den Jäger kommt –
aber fragt ihn nur selbst.

**Max** *(beschämt und verzweifelt)*
Ich kann's nicht leugnen; ich habe nie getroffen.

**Kuno**
Max! Max! Ist's möglich? Du, sonst der beste Schütze weit und breit!
Seit vier Wochen hast du keine Feder nach Hause gebracht
und auch jetzt – ? Pfui der Schande!

Das Triumphgefühl Kilians »es ist freilich arg, wenn der Bauer einmal über den Jäger kommt« ist durchaus auf der Ebene gesellschaftlicher Ständeunterschiede zu verstehen. Zur Entstehungszeit dieser Oper beginnen die niederen Stände gegenüber dem Adel an Bedeutung und Macht zu gewinnen. Entsprechend kann man sich vorstellen, dass ein Sieg über einen höheren Stand den »Kleineren« mit Gefühlen von Stolz und Genugtuung erfüllt. Aber damit ist auch zugleich das ödipale Thema im Spiel. Denn es erfüllt sich für den Bauer Kilian die ödipale Wunschphantasie, den über ihm stehenden männlichen Rivalen aus dem Feld geschlagen zu haben und von den Frauen bejubelt zu werden.

Die Musik vertieft in dieser Szene nicht die ängstliche Gefühlslage des Max, sondern schlägt sich auf die Seite des (ödipal) triumphierenden Kilian. Wie sich der kleine Junge der Ödipalzeit als ein ganz großer und potenter Mann phantasiert, so darf sich hier ein Bauer als ein König wähnen. Aber das ist nichts weiter als eine illusionäre Wunschphantasie, die mit der Realität wenig zu tun hat. In Wirklichkeit bleibt Kilian auch weiterhin ein Bauer. Webers Musik folgt der phantasierten Größenvorstellung, indem sie sich grandios und triumphierend gibt.

# 5. Der Probeschuss – eine ödipale Erfindung

Um die Tochter des Försters Kuno zur Braut zu gewinnen, soll Max am folgenden Tage den sogenannten Probeschuss absolvieren. Der Erbförster Kuno erklärt, was es mit diesem Probeschuss auf sich hat:

### 1. Aufzug, 2. Auftritt

**Kuno**
Mein Urältervater, der noch im Forsthaus abgebildet steht, hieß Kuno, wie ich, und war fürstlicher Leibschütz. Einst trieben die Hunde einen Hirschen heran, auf dem ein Mensch angeschmiedet war – so bestrafte man in alten Zeiten die Waldfrevler. Dieser Anblick erregte das Mitleid des damaligen Fürsten. Er versprach demjenigen, welcher den Hirsch erlege ohne den Missetäter zu verwunden, eine Erbförsterei und zur Wohnung das nah gelegene Waldschlösschen. Der wackere Leibschütz, mehr aus eignem Erbarmen als wegen der großen Verheißung, besann sich nicht lange. Er legte an und befahl die Kugel den heiligen Engeln. Der Hirsch stürzte, und der Wilddieb war, obwohl im Gesicht vom Dorngebüsch derb zerkratzt, doch im übrigen unversehrt...
Kunos Neider wussten es an den Fürsten zu bringen, der Schuss sei mit Zaubereien geschehen, Kuno habe nicht gezielt, sondern eine Freikugel geladen... Eine Freikugel? Das sind Schlingen des bösen Feindes; meine Großmutter hat mir's einmal erklärt. Sechse

treffen, aber die siebente gehört dem Bösen; der kann sie hinführen, wohin's ihm beliebt...

Aus diesem Grunde machte der Fürst bei der Stiftung den Zusatz: »Dass jeder von Kunos Nachfolgern zuvor einen Probeschuss ablege, schwer oder leicht, wie es der regierende Fürst oder sein Abgeordneter anzubefehlen geruhe.« Auch will es das Herkommen, dass der junge Förster an demselben Tag mit seiner Erwählten getraut wird, die aber völlig unbescholten sein und im jungfräuliche Ehrenkränzlein erscheinen muss.

Zum Spott, den Max in der ersten Szene über sich ergehen lassen musste, kommt nun mit dem geforderten Probeschuss eine weitere schwere Belastung auf ihn zu. Der Probeschuss ist ein unseliges Instrument zur Ermittlung eines Bräutigams. Er hat aber ganz zentral etwas mit der ödipalen Thematik zu tun. Wer sich dieses Verfahren ausgedacht hat, war sicherlich seinerseits ein Mann, der noch an einen nicht gemeisterten Ödipuskomplex fixiert geblieben ist. Man kann sich sehr gut vorstellen, dass ein kleiner Junge, der in der Ödipalzeit unter seiner Kleinheit und genitalen Unreife gelitten hat, zumal, wenn er dafür verspottet und gehänselt wurde, sich später dadurch rächt, dass er als der Große auftritt, der dem abhängigen Rivalen nun alle erlittenen traumatischen Ängste aufbürdet.

Ein Mensch, der in seiner Kindheit nicht das Glück gehabt hat, die ödipalen Kleinheitsgefühle mit der Hilfe empathischer Eltern gut zu meistern, wird durch die Anforderung eines Pobeschusses mit jenen alten bedrohlichen Ängsten wieder konfrontiert werden, die er damals in seiner Not verdrängen musste. Er wird sich wie gelähmt fühlen und unfähig sein, das Geforderte zu leisten. In dieser Situation erleben wir Max im folgenden Terzett.

## 1. Aufzug, 2. Auftritt
**Terzett mit Chor**

**Max**
Oh, diese Sonne,
furchtbar steigt sie empor!

**Kuno**
Leid oder Wonne, beides ruht in deinem Rohr!

**Max**
Ach, ich muss verzagen, dass der Schuss gelingt!

**Kuno**
Dann musst du entsagen!
Leid oder Wonne, beides ruht in deinem Rohr!

**Kaspar** *(zu Max, mit bedeutungsvoller Heimlichkeit)*
Nur ein keckes Wagen ist's, was Glück erringt!

**Max**
Agathen entsagen, wie könnt' ich's ertragen?
Doch mich verfolget Missgeschick!

**Chor**
Seht, wie düster ist sein Blick!
Ahnung scheint ihn zu durchbeben!

**Die Jäger** *(zu Max)*
O lass Hoffnung dich beleben,
und vertrau dem Geschick!

**Kuno und Chor**
O lass Hoffnung dich beleben,
und vertrau dem Geschick!

**Max**
Weh mir, mich verließ das Glück!

**Kuno und Chor**
O vertraue!

**Max**
Unsichtbare Mächte grollen,
bange Ahnung füllt die Brust!
Nimmer trüg ich den Verlust!

**Kuno** *(fasst Max bei der Hand)*
Mein Sohn, nur Mut! Wer Gott vertraut baut gut!
*(zu den Jägern)*
Jetzt auf! In Bergen und Klüften
tobt morgen der freudige Krieg!

**Chor der Jäger**
Das Wild in Fluren und Triften,
der Aar in Wolken und Lüften
ist unser, und unser der Sieg!

**Chor der Landleute**
Lasst lustig die Hörner erschallen!

**Chor der Jäger**
Wir lassen die Hörner erschallen!

**Alle**
Wenn wiederum Abend ergraut,
soll Echo und Felsenwand hallen:
Sa! Hussa, dem Bräut'gam, der Braut!
*(Kuno mit Kaspar und den Jägern ab.)*

Kuno und die Jäger sprechen Max Mut zu und legen ihm mit ruhigen Worten und frommer Musik nahe, auf Gott zu vertrauen. Doch Max blickt mit verdüsterter Miene und spürt »unsichtbare Mächte grollen«. Er wirkt mutlos und depressiv: »Ach, ich muss verzagen, dass der Schuss gelingt!«. Während die Jäger laut lärmend zur lustigen (gemeint ist wohl ›lustvollen‹) Jagd blasen, plagen Max Selbstzweifel. Es nützt wenig, wenn der väterliche Kuno Max aufzuheitern versucht, solange dieser Kuno auf der anderen Seite an der unerbittlichen Forderung nach einem erfolgreichen Probeschuss festhält und Max wenig einfühlsam zu verstehen gibt, was geschieht, wenn er nicht trifft: »Dann musst du entsagen!«

War schon der Spottchor und die übrigen Hänseleien dazu angetan, ödipale Ängste zu mobilisieren, so erhalten diese Ängste durch den geforderten Probeschuss noch eine weitere Steigerung. Diese Angstüberflutung ist kaum mehr verkraftbar und ganz und gar nicht dazu geeignet, die ödipale Konfliktsituation zu meistern, sondern eher, sie zu fliehen.

Ein möglicher Fluchtweg besteht darin, zu den aus der präödipalen Zeit vertrauten Größen- und Allmachtsphantasien zurückzukehren und sich in Bilder von eigener Größe, Stärke und Potenz hinein zu phantasieren. Mit Hilfe dieser Allmachtsphantasien können dann die Kleinheit und die genitale Unzulänglichkeit einfach verleugnet werden.

Und nicht von ungefähr taucht in dieser Situation Maxens älterer Jagdbruder Kaspar auf, der scheinbar frei von niederdrückenden Potenzzweifeln ist. Er rät Max ein »keckes Wagen«. Kaspar ist solch eine Figur, die die ödipalen Probleme mit Hilfe frühkindlicher Magie und Allmachtsphantasien zu lösen versucht. Und wir werden erleben, dass Max für die Einflüsterungen Kaspars anfällig ist. Das unempathische affektive Klima um ihn herum treibt Max geradezu in die Arme dieses teuflischen Bruders.

Für die umstehenden Jäger hat das ödipale Drama scheinbar nichts Beängstigendes, sondern ausschließlich etwas Lustvolles: »In Bergen und Klüften tobt morgen der freudige Krieg.«

Auch die Musik folgt dieser Sicht der Dinge. Sie schwillt gewaltig an, die Jäger lassen lautstark ihre Hörner erschallen und alle singen überschäumend, ja nahezu orgiastisch ein »Hussa« auf den Bräutigam und die Braut. Das Fest nimmt seinen Fortgang. Kilian »nimmt eine der Frauen und tanzt.« Allmählich leert sich die Bühne, weil sich alle in die Schenkwirtschaft hineinbegeben haben, wo Bier und Wein in Strömen fließen.

Während des Tanzes hat sich der Himmel verdüstert; Max ist allein zurückgeblieben. Im Halbdunkel des Bühnenhintergrundes erscheint – für Max unsichtbar – der schwarze Jäger Samiel »von beinahe übermenschlicher Größe, dunkelgrün und feuerfarb mit Gold gekleidet. Der große, mit einer Hahnfeder verzierte Hut bedeckt fast das ganze schwarzgelbe Gesicht.« Es folgt eine längere sängerische Sequenz, in der Max zwei sehr schöne und beliebte Arien singt.

### 1. Aufzug, 4. Auftritt

**Max**
Nein, länger trag ich nicht die Qualen,
die Angst, die jede Hoffnung raubt!
Für welche Schuld muss ich bezahlen?
Was weiht dem falschen Glück mein Haupt?

**Arie**

**Moderato**

Durch die Wäl - der  durch die Au - en      zog ich

leich - ten  Sinns da - hin

Durch die Wälder, durch die Auen
Zog ich leichten Muts dahin;
Alles, was ich konnt' erschauen,
war des sichern Rohrs Gewinn.

Abends bracht' ich reiche Beute,
und wie über eignes Glück,
drohend wohl dem Mörder,
freute sich Agathes Liebesblick!

**Rezitativ**
Hat denn der Himmel mich verlassen?
(*Samiel tritt, fast bewegungslos, im Hintergrund
einen Schritt aus dem Gebüsch.*)
Die Vorsicht ganz ihr Aug' gewandt?
(*mit verzweiflungsvoller Gebärde*)
Soll das Verderben mich erfassen?
Verfiel ich des Zufalls Hand?
(*Samiel verschwindet wieder.*)

**Arie**
Jetzt ist wohl ihr Fenster offen,
und sie horcht auf meinen Schritt,
lässt nicht ab vom treuen Hoffen:
Max bringt gute Zeichen mit!
Wenn sich rauschend Blätter regen,
wähnt sie wohl, es sei mein Fuß;
hüpft vor Freuden, winkt entgegen –
nur dem Laub, nur dem Laub den Liebesgruß.
(*Samiel schreitet im Hintergrund
mit großen Schritten langsam über die Bühne.*)
Doch mich umgarnen finstre Mächte!
Mich fasst Verzweiflung, foltert Spott!
O dringt kein Strahl durch diese Nächte?

Herrscht blind das Schicksal? Lebt kein Gott?
(*Samiel, schon ganz an der entgegengesetzten Seite,*
*macht bei dem letzten Worte eine zuckende*
*Bewegung und ist verschwunden.*)
Mich fasst Verzweiflung, foltert Spott!

Dieser 4. Auftritt gibt uns weiteren Aufschluss darüber, was es ist, das Max so verzweifelt macht. Zu Beginn lässt er den Zuschauer noch einmal in einer wunderschön sanglichen Melodie (»Durch die Wälder, durch die Auen zog ich leichten Sinns dahin«), wissen, wie es ihm ehedem in der harmonischen (symbiotischen) Verschränkung mit der Mutter zumute war. Er war voller Hoffnung und konnte das auch sein, da er ja ihr ganzer Stolz war. Der »Glanz im Auge der Mutter« machte ihn glücklich und zufrieden.

Doch nun ist alles anders. Er spürt bedrohliche Kräfte in sich reifen, die dieses paradiesische Glück zu zerstören drohen. Es ist die erwachende genitale Sexualität, die die Beziehung zur Mutter in ein verändertes Licht rückt. Er spürt sexuelle Besitzansprüche aufwallen, die ihm in zweifacher Weise Angst machen. Zum einen ist er sich über die Reaktion der Mutter im Unklaren: Wird sie ihn auch mit seiner genitalen Sexualität akzeptieren oder lehnt sie ihn ab, weil sein »Rohr« noch zu klein und ihr nicht genug ist? Und zum anderen treiben ihn diese neu erwachenden Triebkräfte in eine feindselige Gegnerschaft zum Vaterrivalen, der im Wege steht bezüglich seines Verlangens, die Mutter ganz für sich zu besitzen.

Wir haben jetzt eine Ahnung davon, welch innerer Aufruhr es ist, der in einem kleinen Jungen der Ödipalzeit – und als eine Wiederbelebung auch im erwachsenen Max – tobt und der ihn mehrmals aufschreien lässt: »Mich fasst Verzweiflung, foltert Spott!« Die Musik greift hier ein dramatisch-schauriges Motiv (die letzten Takte von Notenbeispiel 3) aus der Ouvertüre wieder auf.

Auf dem Cover der CD (auf die am Ende des Büchleins empfehlend hingewiesen wird) schaut man in die beiden Läufe einer Doppelrohrflinte, die aus einem finsteren Hintergrund hervorragen. Dieses Bild ist sehr treffend gewählt. Denn die ödipale Konfliktsituation ist durch eine doppelte Triebdynamik geprägt. Sie ist gleichsam eine Doppelrohrflinte mit zwei zum Schuss bereiten Läufen. In dem einen Lauf befindet sich die Liebeskugel, der sexuelle »shot«, der gleich einem Pfeil Amors auf die Mutter abgefeuert werden will, und in dem anderen Lauf steckt bei gespanntem Hahn die tödliche Kugel für den Vaterrivalen. Beide Zielrichtungen schrecken gleichermaßen, weswegen es verständlich ist, dass Max von Verzweiflung erfasst wird. Und obwohl es entwicklungspsychologisch richtig und wichtig ist, dass beide Schussrichtungen mit allen beteiligten Lust- und Angstgefühlen im Erleben auftauchen dürfen, so ist es genauso richtig, dass ihnen die Erfüllung auf jeden Fall versagt bleiben muss. Bei Müller-Pozzi lesen wir dazu: »Die Gewissheit, dass es nicht zum Inzest und darum auch nicht zum Vatermord kommen wird, schafft erst Raum für die Ausarbeitung der ödipalen Wünsche, Ängste, Phantasien und Konflikte« (Müller-Pozzi 1991, S. 149).

Die sexuellen Wünsche des ödipalen Kindes müssen zwar letztlich unerfüllt bleiben, aber die ödipale Situation ist, zumindest auf der Ebene der Phantasie, dadurch gekennzeichnet, dass sie auf eine potentielle Befriedigung der sexuellen Lust ausgerichtet ist. Das Ausphantasieren dieser Wünsche übernimmt ein weiteres Mal die Musik. Sie ist äußerst dramatisch aufwühlend, aber gleichzeitig auch ausgesprochen lustvoll. Sie ist ein ekstatischer Tanz, der eine leidenschaftliche

Sexualität aufscheinen lässt. Es ist – wie in der Ouvertüre – eine heftige und leidenschaftliche Sexualität, die sich laut, tosend und orgiastisch gebärdet.

# 6. Zurück zu den frühkindlichen Allmachtsphantasien

Max und Kaspar sind allein. Im Hintergrund taucht hin und wieder Samiel wie ein Geist auf. Er ist anwesend, aber nicht sichtbar. Kaspar, als der ältere der beiden Jagdburschen, beginnt damit, seinem jüngeren Kameraden gute Ratschläge zu erteilen.

### 1. Aufzug, 5. Auftritt

**Kaspar**
Es fiel mir unterwegs ein guter Rat für dich ein;
aus treumeinendem Herzen stehle ich mich fort,
laufe mich fast außer Atem!
Ich kann's, kann's nicht verschmerzen,
dass du hier zum Spott der Bauern geworden bist.
Teufel, die mögen gelacht haben! Ha, ha, ha!
Aber was hilft's? Schlag dir's aus den Gedanken, Bruderherz!
(*Er greift nach dem Krug.*)
Wie? Was? Bier hast du? Das taugt nicht zum Sorgenbrecher!
(*in den Schenkgiebel rufend*)
Wein! Wein! Zwei Passgläser –
Kamerad, und koste es mich den letzten Heller,
ich kann dich nicht so traurig sehen!
Du musst mit mir trinken!
(*Ein Schenkmädchen hat das Geforderte gebracht.*)

**Kaspar** *(zu dem Mädchen)*
Lass ankreiden!
*(Mädchen geht mit unwilligem Blick ab.)*

**Max**
Damit verschone mich! Mein Kopf ist ohnedies wüst genug.
*(Er legt den Kopf in die Hände.)*

**Kaspar**
*(tropft geschwind aus einem Fläschchen
etwas in das für Max bestimmte Glas; für sich).*
So, Freundchen, da brauchst du wenig!
*(Er gießt schnell Wein ein.)*
Hilf, Samiel!
*(Samiel schaut mit dem Kopf aus dem Gebüsch.)*
Du da?
*(Samiel verschwindet.)*

**Max** *(auffahrend)*
Mit wem sprachst du?

**Kaspar**
Ich? Mit niemand.
Ich sagte: »So, Freundchen!«, weil ich dir einschenkte.

**Max**
Ich mag aber nichts.

**Kaspar**
Der Herr Förster soll leben!
Die Gesundheit deines Lehrherrn wirst du doch mittrinken?
(*Er reicht Max das Glas mit den Tropfen.*)

**Max**
So sei's!
(*Sie stoßen an und trinken.*)

**Kaspar**
Nun lass uns eins singen! – »Semper fröhlich, nur halb selig, immerhin!«
(*Max bezeigt seinen Unwillen.*)
Das gefällt dir nicht? Nun denn, ein anderes!

**Allegro feroce, ma non troppo presto**

**Lied**
Hier im ird'schen Jammertal
Wär' doch nichts als Plack und Qual,

trüg der Stock nicht Trauben;
darum bis zum letzten Hauch
setz ich auf Gott Bacchus' Bauch
meinen festen Glauben!
Ei, du musst mitsingen.
(*Er trinkt.*)

Wir erleben hier ein Gespräch unter »richtigen Männern«. Kaspar gibt sich als der in der Männlichkeit Erfahrenere und zeigt dem jüngeren Max, wie man sich als rechter Kerl aufführt. Man trinkt Alkohol, kommandiert die Mädchen herum und singt deftige Lieder.

Das Lied »Hier im ird'schen Jammertal«, das er schließlich anstimmt, ist musikalisch ausgesprochen schmissig und lustvoll. Kaspar wird zu dieser Melodie noch zwei weitere Strophen singen, die hier im Text nicht wiedergegeben sind. Wie Kaspar später anmerkt, stammt dieses Lied aus seiner Soldatenzeit im Heer des Tilly.

Wozu dienen die Tropfen, die Kaspar dem Max ins Glas gibt? Sie dienen offenbar dazu, den Max zu benebeln und seine aggressiven Kräfte zu verstärken. Wenig später heißt es über Max: »Man merkt ihm eine gewisse Heftigkeit an, einem leichten, aber bösen Rausche gleich.« Damit gibt sich Kaspar als ein Mensch zu erkennen, der mit den Kräften des Bösen im Bunde steht, nämlich mit rauschhaften Getränken und mit der Magie. Kaspar ist gleichsam der dunkle Bruder des Max, der offenbar mittels des Giftgetränks auch in Max die dunkeln Kräfte erwecken will. Entsprechend fährt er fort mit seinen verführerischen Einflüsterungen.

**Kaspar**
Wie wär's Kamerad, wenn ich dir noch heute
zu einem recht glücklichen Schuss verhülfe,
der Agathe beruhigte
und zugleich euer morgendes Glück verbürgte?

Kaspar gibt Max seine Büchse und fordert ihn auf, auf einen Vogel am
Himmel zu schießen, der sich eigentlich außer Schussweite befindet.
Max hat noch kaum den Abzug berührt, da geht das Gewehr bereits
los. Im selben Moment hört man gellendes Gelächter, so dass sich
Max erschrocken nach Kaspar umsieht.

**Max**
Was lachst du? Wie Fittiche der Unterwelt kreist's dort oben.
*(Ein mächtiger Steinadler schwebt einen Augenblick
wirbelnd in der Luft und stürzt dann tot zu Maxens Füßen.)*
Was ist das?

**Kaspar** *(der ihn aufhebt)*
Der größte Steinadler, den es gibt!
Was für Fänge und wie herrlich getroffen!
Gleich unterm Flügel, sonst nichts verletzt!
Kannst ihn ausstopfen lassen, Bruder,
für ein Naturalienkabinett.

**Max**
Aber ich begreife nicht – diese Büchse ist doch wie jede andere –

**Kaspar**
Viktoria! Das wird dich bei den Bauern in Respekt setzen!
Das wird Agathe erfreuen!
*(Er rauft einige der größten Federn aus
und steckt sie auf Maxens Hut.)*
So, Kamerad, dies als Siegeszeichen.

**Max**
Was machst du? –
Wird mir doch ganz schauerlich!
Was hast du geladen?
Was war das für eine Kugel?

Verbleiben wir einmal auf der ödipalen Ebene, so bedeutet diese
Szene nichts anderes, als dass Kaspar den Max in der Illusion bestär-
ken will, dass es für den kleinen Jungen möglich ist, genau so ein
großes und potentes »Rohr« zu besitzen, wie es ein erwachsener
Mann hat. Kaspar: »Das wird dich bei den Bauern in Respekt setzen!
Das wird Agathe erfreuen!« Kaspar will Maxens latente Größen-
wünsche unterstützen und ihm vorgaukeln, er könne mit solch einem
Rohr die Mutter »erfreuen«.

Diese Verleugnung von Realität ist für die Blütezeit des Ödipus
durchaus charakteristisch. Entsprechend wird Max zunehmend
interessierter, solch ein potentes Rohr bzw. potente Kugeln zu
bekommen. Und so geht er schließlich den von Kaspar vorgeschla-
genen Pakt ein.

## 1. Aufzug, 5. Auftritt

**Max**
Wohl! Mein Geschick will's!
Schaff mir so eine Kugel!

**Kaspar**
Mehr als du brauchst!
Aber bedarf der Mann eines Vormunds?

Auch hier noch einmal ein Ausphantasieren der Illusion, groß und mächtig wie ein Erwachsener zu sein, was sogleich Maxens Interesse weckt.

**Max**
Wie erlangt man sie?

**Kaspar**
Das will ich dich lehren.
Sei Punkt zwölf Uhr in der Wolfsschlucht!

**Max**
Um Mitternacht – in der Wolfsschlucht? Nein!
Die Schlucht ist verrufen
und um Mitternacht öffnen sich die Pforten der Hölle.

Seinen heimlichen Größenwunsch Wirklichkeit werden zu lassen, das lässt Max dann doch wieder ängstlich und zögerlich werden. Doch Kaspar braucht ihm nur vor Augen zu halten:

**Kaspar**
So mach dich morgen zum Landesgespött!
Verlier die Försterei und Agathe!
Ich bin dein Freund,
ich will selbst für dich gießen;
aber *dabei* musst du sein!

Und Kaspar fügt noch hinzu:

**Kaspar**
Um Agathe zu trösten, wagtest du den Schuss;
sie zu erwerben, fehlt es dir an Herzhaftigkeit!
Das würde sich das Wachspüppchen,
das mich um deinetwillen verwarf, schwerlich einbilden.
*(für sich)*
Es soll gerochen werden!

In diesen letzten Äußerungen erhalten wir noch eine wichtige Information, die für die weiteren Ereignisse nicht unwesentlich sein wird:
Kaspar und Max sind Rivalen um Agathe, wobei Kaspar offenbar
abgewiesen wurde, weswegen er nun Rache üben will. Der soge-
nannte Freund, Bruder und Kamerad Kaspar ist also der Rivale um
die Gunst der Frau (Mutter).

Das heißt, der ödipale Konflikt inszeniert sich im Freischütz nicht
in seiner vollen Wahrheit. Der Tötungswunsch auf den Vater wird auf
den älteren Bruder verschoben. Das erscheint offenbar als weniger
bedrohlich. So werden wir zwar keinen Vatermord erleben, davor
schreckt dieses Libretto letztendlich zurück, wohl aber einen Mord
am Rivalen um die Frau. Immerhin ist diese Lösung hinreichend, um

die ödipale Psychodynamik als latentes Thema zur Darstellung zu bringen.

In der nachfolgenden fulminanten, hoch dramatischen Arie »Schweig, schweig« bringt Kaspar das Rivalitätsthema und den Hass auf den Rivalen in vollem Affekt zum Ausdruck.

### 1. Aufzug, 6. Auftritt

**Moderato**

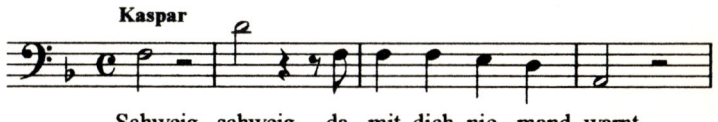

Schweig, schweig, da - mit dich nie - mand warnt,

schwei - ge, da - mit dich nie - mand warnt!

**Kaspar**
Schweig, schweig, damit dich niemand warnt!
Schweige, damit dich niemand warnt!
Der Hölle Netz hat dich umgarnt!
Nichts kann vom tiefen Fall dich retten,
nichts kann dich retten vom tiefen Fall!
Umgebt ihn, ihr Geister, mit Dunkel beschwingt!
Schon trägt er knirschend eure Ketten!
Triumph, Triumph, Triumph, die Rache gelingt!

Von welchem »tiefen Fall« Max bedroht ist und welche dunklen
Geister ihn umgeben werden, darüber wird uns die Wolfsschluchtszene Aufschluss geben.

Die Musik ist wiederum von jener derb-lustvollen Männlichkeit,
die wir bereits in Kaspars Soldatenlied vernommen hatten. Man kann
nicht umhin festzustellen, dass offenbar auch der Komponist an
dieser männlich zupackenden Art seine Freude hat. Mit dieser
schwungvollen ödipal gefärbten Rachearie schließt der erste Akt.

# 7. Als die Frauen noch sanft und engelsgleich waren

Nach »Horrido« und »Hussa« eines deftig-derben Jägermilieus betreten wir nun eine ganz andere Welt, in der wir auf zwei sittsame und fromme junge Frauen treffen, die Förstertochter Agathe und ihre junge Verwandte Ännchen. Das Bühnenbild zeigt einen Vorraum im Forsthaus mit Ännchens Spinnrad auf der einen und einen großen Tisch auf der anderen Seite, auf dem ein weißes Kleid mit grünem Band liegt. Ännchen ist auf eine Leiter geklettert und schlägt einen Nagel in die Wand, um das heruntergefallene Bild des Urvaters Kuno wieder aufzuhängen. Ihre ersten Worte gelten offensichtlich dem Nagel, der das Bild halten soll.

## 2. Aufzug, 1. Auftritt

**Ännchen**
Schelm, halt fest!
Ich will dich's lehren!
Spukereien kann man entbehren
in solch altem Eulennest.

**Agathe** *(bindet einen Verband von der Stirn)*
Lass das Ahnenbild in Ehren!

**Ännchen**
Ei, dem alten Herrn
zoll ich Achtung gern;
doch dem Knechte Sitte lehren,
kann Respekt nicht wehren.

**Agathe**
Sprich, wen meinst du? Welchen Knecht?

**Ännchen**
Nun, den Nagel! Kannst du fragen?
Sollt' er seinen Herrn nicht tragen?
Ließ ihn falln! War das nicht schlecht?

**Agathe**
Ja, gewiss, das war nicht recht.

**Ännchen**
Ließ ihn falln, war das nicht schlecht?
Gewiss, das war recht schlecht!

**Agathe**
Alles wird dir zum Feste,
alles beut dir Lachen und Scherz!
O wie anders fühlt mein Herz!

**Allegretto grazioso**

Ännchen

Gril - len sind mir bö - se Gä - ste;

im - mer mit leich-tem Sinn tan - zen durchs Le-ben hin

### Ännchen
Grillen sind mir böse Gäste!
Immer mit leichtem Sinn
tanzen durchs Leben hin,
das nur ist Hochgewinn!
Sorgen und Gram muss man verjagen!
Immer mit leichtem Sinn!

Mit diesem allerliebsten Liedchen stellt sich Ännchen dem Zuschauer
vor: immer lieb, immer gut gelaunt und zu Scherzen aufgelegt.
Ännchen ist so ein rechter Sonnenschein, ganz so, wie sich der Mann
des Biedermeier seine Gattin erträumte: »Die Frauenzimmer sind
geschaffen, die liebe heitere Sonne in dieser Menschenwelt nachzuah-
men und ihr eigenes und unser Leben durch milde Sonnenblicke zu
erheitern« (Friedrich Schiller). In dieser Szene ist es nicht ein Gatte,
sondern die Tante, der Ännchen als »milder Sonnenblick« die düsteren
Gedanken und Sorgen zu zerstreuen sucht. Und da der Gram bei
Agathe, die beunruhigt auf das Eintreffen ihres Verlobten Max wartet,

noch nicht völlig verjagt ist, versucht Ännchen mit noch einem zweiten liebevoll-züchtigen Liedlein zur Erheiterung beizutragen.

## 2. Aufzug, 1. Auftritt

**Allegretto**

Kommt ein schlanker Bursch ge - gan - gen,

blond von Lo - cken o - der braun

Ännchen *(mit lebhafter Pantomime)*
Kommt ein schlanker Bursch gegangen,
blond von Locken oder braun,
hell von Aug und rot von Wangen,
ei, nach dem kann man wohl schaun.
Zwar schlägt man das Aug' auf's Mieder
nach verschämter Mädchen Art;
doch verstohlen hebt man's wieder,
wenn's das Bürschchen nicht gewahrt.
Sollten ja sich Blicke finden,
nun, was hat das auch für Not?

Man wird drum nicht gleich erblinden,
wird man auch ein wenig rot.
Blickchen hin und Blick herüber,
bis der Mund sich auch was traut!
Er seufzt: Schönste! Sie spricht: Lieber!
Bald heißt's Bräutigam und Braut.
Immer näher, liebe Leutchen!
Wollt ihr mich im Kranze sehn?
Gelt, das ist ein nettes Bräutchen,
und der Bursch nicht minder schön?

Dass wie von Geisterhand das Bild des ersten Kuno von der Wand gefallen ist und Agathe am Kopf verletzt hat, entspricht so ganz dem romantischen Geschmack der Zuschauer nach Spuk und dem Wirken magischer Kräfte. Der romantische Mensch erlebt die Natur als von hinter ihrer äußeren Erscheinung geheimnisvoll webenden Geistern beseelt. Diese Beseelung der Natur macht – wie wir gesehen haben – mitunter selbst vor einem Nagel nicht halt. Solche Ereignisse sorgen jeweils für ein angenehm-aufregendes Gruselgefühl. Sie regen zur Lieblingsbeschäftigung des Romantikers an, nämlich das hinter der äußeren Erscheinung schlummernde Geheimnis zu entschlüsseln.

So macht sich im Folgenden Agathe daran, das Geheimnis des heruntergestürzten Bildes zu deuten. Sie hatte am Vormittag einen Eremiten aufgesucht, der ihr geweihte Rosen schenkte und sie vor einer Gefahr warnte.

## 2. Aufzug, 1. Auftritt

### Agathe
Er warnte mich vor einer unbekannten Gefahr,
welche ihm ein Gesicht offenbart habe.
Nun ist seine Warnung ja in Erfüllung gegangen.
Das herabstürzende Bild konnte mich töten!

### Ännchen
Gut geklärt! So muss man böse Vorbedeutungen nehmen!
Mein Vater war einst ein tapferer Degen
und sehr unzufrieden, dass ich's nicht auch werden konnte.
Er meinte, man müsse die Furcht nur verspotten,
dann fliehe sie, und das wahre Sprüchlein, sich festzumachen,
bestehe in den Worten: Halunke, wehre dich!

Nach dieser Wortmagie à la Ännchen erleben wir Agathe allein auf der Bühne. Sie singt eine längere Passage, bei der Arie mit rezitativischem Zwischengesang abwechseln und nahtlos ineinander übergehen. Darin enthalten ist auch das berühmte »Leise, leise, fromme Weise«. Dieser reich entfaltete Gesang ist Romantik pur. Das religiöse Fühlen, die Sehsucht nach dem fernen Geliebten, das bange Hoffen und die Schilderungen beseelter Natur vereinen sich zu einem Gemälde, das den Zuschauer auf äußerst angenehme Weise in ein romantisches Lebensgefühl hineinzieht.

## 2. Aufzug, 2. Auftritt

**Agathe**
Wie nahte mir der Schlummer,
bevor ich ihn gesehn?
Ja, Liebe pflegt mit Kummer
stets Hand in Hand zu gehn!
Ob Mond auf seinem Pfad wohl lacht?
*(Sie öffnet die Altantür, so dass man in eine sternenhelle Nacht
sieht.)*
Welch schöne Nacht!
*(Sie tritt in den Altan und erhebt in frommer Rührung ihre
Hände.)*

**Adagio**

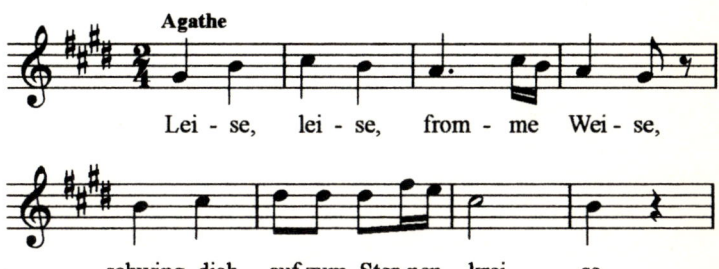

Lei - se, lei - se, from - me Wei - se,
schwing dich auf zum Ster-nen - krei - se

Leise, leise, fromme Weise!
Schwing dich auf zum Sternenkreise.
Lied erschalle! Feiernd walle mein Gebet zur Himmelhalle!
*(hinausschauend)*

O wie hell die goldnen Sterne, mit wie reinem Glanz sie glühn!
Nur dort in der Berge Ferne scheint ein Wetter aufzuziehn.
Dort am Wald auch schwebt ein Heer
dunkler Wolken dumpf und schwer.
Zu dir wende ich die Hände, Herr ohn' Anfang und ohn' Ende!
Vor Gefahren uns zu wahren, sende deine Engelscharen.
*(wieder hinausschauend)*
Alles pflegt schon längst der Ruh'; trauter Freund, wo weilest du?
Ob mein Ohr auch eifrig lauscht, nur der Tannenwipfel rauscht;
nur das Birkenlaub im Hain flüstert durch die hehre Stille;
nur die Nachtigall und Grille scheint der Nachtluft sich zu freun.

Doch wie? Täuscht mich nicht mein Ohr?
Dort klingt's wie Schritte!
Dort aus der Tannen Mitte kommt was hervor!
Er ist's! Er ist's! Die Flagge der Liebe mag wehn!
*(Sie winkt mit einem weißen Tuch.)*
Dein Mädchen wacht noch in der Nacht!
Er scheint mich noch nicht zu sehn!
Gott, täuscht das Licht des Monds mich nicht,
so schmückt ein Blumenstrauß den Hut!
Gewiss, er hat den besten Schuss getan!
Das kündet Glück für morgen an!
O süße Hoffnung, neu belebter Mut!

All meine Pulse schlagen, und das Herz wallt ungestüm,
süß entzückt entgegen ihm!
Konnt ich das zu hoffen wagen?
Ja, es wandte sich das Glück zu dem teuren Freund zurück,

will sich morgen treu bewähren!
Ist's nicht Täuschung? Ist's nicht Wahn?
Himmel nimm des Dankes Zähren
für dies Pfand der Hoffnung an!

Neben dem innigen und mit frommer Rührung gesungenen »Leise, leise« und dem »Zu dir wende ich die Hände«, sowie dem leichten Raunen und Säuseln der »Tannen Wipfel« überrascht das ausgesprochen leidenschaftlich erregt gesungene »Alle meine Pulse schlagen und das Herz wallt ungestüm«. Hier ist Agathe einmal für einen kurzen Moment keine nur sanfte und engelsgleiche Braut, sondern eine blutvolle, emotional ausdrucksstarke Frau. Aber diese Seite mussten die Frauen zur Zeit des Biedermeier verborgen halten, da sie damit den an die Mutter der Ödipalzeit fixierten Männern zu viel Angst gemacht hätten. Unbewusst hatten die Männer – wie in der Ödipalzeit – Angst davor, von der Frau aufgrund von körperlichen Unzulänglichkeiten abgelehnt oder überfordert zu werden. Also mussten sich die Frauen sanft und engelsgleich verhalten, um im Mann nicht dessen unterschwelligen Kleinheitsängste zu beleben.

# 8. Der Mann muss hinaus ins feindliche Leben

Mit dem Erscheinen von Max wird die gerade noch genossene Stille abrupt unterbrochen. Entsprechend der Bühnenanweisung tritt Max »verstört und heftig« ins Forsthaus.

### 2. Aufzug, 3. Auftritt

**Agathe**
Bist du endlich da, lieber Max!

**Max**
Meine Agathe!
(*Sie umarmen sich. Agathe tritt still zurück, als sie statt des gehofften Straußes den Federbusch erblickt.*)
Verzeiht, wenn ihr meinetwegen aufgeblieben seid!
Leider komm ich nur auf wenig Augenblicke.

**Agathe**
Du willst doch nicht wieder fort? Es sind Gewitter im Anzug.

**Max**
Ich muss!
(*Er wirft den Hut auf den Tisch, dass das Lämpchen von dem Federbusch ausgelöscht wird. Die Gegend, in die man aus dem*

*Altan hinaussieht, zeigt sich schon in dunklerer Beleuchtung.)*

**Agathe**
*(furchtsam, mit allen Zeichen getäuschter Hoffnung)*
Du scheinst übel gelaunt, Wieder unglücklich gewesen?

**Max**
Nein! Nein! Im Gegenteil!

**Agathe**
Nicht? Gewiss nicht?...
Was hast du getroffen, Max? Heute ist mir's von Wichtigkeit.

**Max** *(mit ängstlicher Verlegenheit)*
Ich habe – ich war gar nicht beim Sternschießen!

**Agathe**
Und sagst du doch, du seist glücklich gewesen?

**Max**
Ja doch! Wunderbar, unglaublich glücklich. Sieh!
*(Er zeigt ihr mit solcher Heftigkeit den Federbusch
auf dem Hut, dass sie zurückfährt.)*
Den größten Raubvogel hab ich aus den Wolken geholt!

**Agathe**
Sei doch nicht so hastig, du fährst mir in die Augen!

Das von Agathe so heiß ersehnte Zusammentreffen mit dem Geliebten fällt doch eher enttäuschend aus. Kaum dass er da ist, will Max
sogleich wieder fort. Er verhält sich ungestüm und heftig gegenüber
Agathe und sagt ihr die Unwahrheit über die Geschehnisse des Tages.
In seiner Unruhe und seinem Drängen, von hier wieder fortzukom-
men, erfindet er eine weitere Lüge, dass er noch einen erlegten Hirsch
aus dem Wald holen müsse. Auf die Frage Agathens, wo der Hirsch
liege, antwortet Max: »bei der Wolfsschlucht.« Die Nennung dieses
Namens löst bei den beiden Frauen Erschrecken aus.

### 2. Aufzug, 3. Auftritt

**Terzett**

**Agathe**
Wie? Was? Entsetzen! Dort in der Schreckensschlucht?

**Ännchen**
Der wilde Jäger soll dort hetzen,
und wer ihn hört ergreift die Flucht.

**Max**
Darf Furcht im Herz des Weidmanns hausen?

**Agathe**
Doch sündigt der, der Gott versucht!

**Max**
Ich bin vertraut mit jenem Grausen,
das Mitternacht im Walde webt,
wenn sturmbewegt die Eichen sausen,
der Häher krächzt, die Eule schwebt.
(*Er nimmt Hut, Jagdtasche und Büchse.*)

**Agathe**
Mir ist so bang, o bleibe! O eile nicht so schnell.
...
**Max** (*nach dem Altan hinten schauend, düster für sich*)
Noch trübt sich nicht die Mondenscheibe,
noch strahlt ihr Schimmer klar und hell;
doch bald wird sie den Schein verlieren –

**Ännchen**
Willst du den Himmel observieren?
Das wär nun meine Sache nicht!

**Agathe**
So kann dich meine Angst nicht rühren?

**Max**
Mich ruft von hinnen Wort und Pflicht!

**Agathe, Max und Ännchen**
Leb wohl! Lebe wohl!

**Max** *(geht hastig fort, kehrt aber in der Tür noch einmal zurück)*
Doch hast du auch vergeben den Vorwurf, den Verdacht?

**Agathe**
Nichts fühlt mein Herz als Beben, nimm meiner Warnung acht!

**Ännchen**
So ist das Jägerleben! Nie Ruh' bei Tag und Nacht!

**Agathe**
Weh mir, ich muss dich lassen! Denk an Agathes Wort!

**Max** *(düster)*
Bald wird der Mond erblassen, mein Schicksal reißt mich fort!

Die Worte dieses Terzetts sprechen von Entsetzen, Angst, Bangigkeit, Warnung und Abschiedschmerz. Doch von all diesen Gefühlen finden wir wenig in der Musik. Am Beginn, wo von den beiden Frauen Entsetzen artikuliert wird, wirkt die Musik in keiner Weise entsetzlich, sondern eher lustig. Auch Ännchens »Ihr ist so bang o bleibe« wird vom Komponisten mit ausgesprochen freudiger Musik unterlegt. Das »Leb wohl« ist zwar innig harmonisch, aber keineswegs traurig. Und Maxens abschließende Worte erfahren eine sehr kraftvolle Musik, die man gern hört. Offensichtlich geht es dem Komponisten hier nicht um die authentischen Gefühle der beteiligten Protagonisten, sondern er setzt seine Musik eher wie Farbe und Pinsel ein, die ein Gemälde von besorgten Frauenzimmern auf der einen und einem tatkräftigen Mann auf der anderen Seite malen.

Und so ist es nur folgerichtig, dass der Mann hinaus muss ins feindliche Leben. Männlich-furchtlos begibt sich Max in die finstere Nacht und lenkt seine Schritte auf die Wolfsschlucht zu.

# 9. Die Wolfsschlucht: Das bedrohliche Unbewusste

Schon das Bühnenbild stimmt uns auf die bedrohliche Qualität dieses Ortes ein:

> Furchtbare Waldschlucht, größtenteils mit Schwarzholz bewachsen, von hohen Gebirgen rings umgeben. Von einem derselben stürzt ein Wasserfall. Der Vollmond scheint bleich. Zwei Gewitter sind von entgegengesetzter Richtung im Anzug. Weiter vorwärts ein vom Blitz zerschmetterter, verdorrter Baum, inwendig faul, so dass er zu glimmen scheint. Auf der anderen Seite, auf einem knorrigen Ast, eine große Eule mit feurig rädernden Augen. Auf anderen Bäumen Raben und andere Waldvögel.

Es sind Stimmen unsichtbarer Geister zu vernehmen mit einem vom Komponisten beigesteuerten schaurig-genialen »Uhui«. Ein bislang unerhörter Klang: Die Chorstimmen bleiben bei dem »hui« auf der gleichen Tonstufe, die schrillen Piccoloflöten springen jedoch gleichzeitig nach oben zur verminderten Sexte. Schaurig!

### 2. Aufzug, 4. Auftritt

Stimmen unsichtbarer Geister
Milch des Mondes fiel aufs Kraut! Uhui! Uhui!
Spinnweb' ist mit Blut betaut! Uhui! Uhui!
Eh' noch wieder Abend graut – Uhui! Uhui!
Ist sie tot die zarte Braut! Uhui! Uhui!

Eh' noch wieder sinkt die Nacht,
ist das Opfer dargebracht! Uhui! Uhui! Uhui!

Für den Romantiker ist »die Natur sichtbarer Geist, und der Geist
unsichtbare Natur« (Blankenagel). Etwas von dieser Sichtweise
begegnet uns hier in der Überleitung zur Wolfsschluchtszene. Der
hinter der Natur unsichtbar verborgene Geist meldet sich hier zu
Wort und prophezeit warnend den Tod der Braut.
Im folgenden Auftritt ruft Kaspar den verborgenen Geist Samiel
hervor.

### 2. Aufzug, 5. Auftritt

**Kaspar** (*reißt heftig den Hirschfänger heraus,
stößt ihn in den Totenkopf, dreht sich dreimal herum und ruft*)
Samiel! Samiel! Erschein!
Bei des Zaubrers Hirngebein!
Samiel! Samiel! Erschein!
(*Er stellt beides wieder in die Mitte des Kreises.*)

**Samiel** (*tritt aus dem Felsen*)
Was rufst du?

**Kaspar** (*wirft sich vor Samiel nieder. Kriechend*)
Du weißt, dass meine Frist schier abgelaufen ist –

**Samiel**
Morgen!

**Kaspar**
Verlängere sie noch einmal mir –

**Samiel**
Nein!

**Kaspar**
Ich bringe neue Opfer dir –

**Samiel**
Welche?

**Kaspar**
Mein Jagdgesell, er naht –
Er, der noch nie dein dunkles Reich betrat!

**Samiel**
Was sein Begehr?

**Kaspar**
Freikugeln sind's, auf die er Hoffnung baut!

**Samiel**
Sechse treffen, sieben äffen.

**Kaspar**
Die siebente sei dein!
Aus seinem Rohr lenk sie nach seiner Braut,
dies wird ihn der Verzweiflung weihn, ihn und den Vater –

**Samiel**
Noch hab ich keinen Teil an ihr!

**Kaspar** *(bange)*
Genügt er dir allein?

**Samiel**
Das findet sich!

**Kaspar**
Doch schenkst du Frist? Und wieder auf drei Jahr',
bring ich ihn dir zur Beute dar!

**Samiel**
Es sei. – Bei den Pforten der Hölle! Morgen er oder du!
*(Er verschwindet. Dumpfer Donner.)*

Dies ist die einzige Stelle in der Oper, wo wir den unsichtbaren Geist
Samiel sprechen hören.
Was ist von ihm zu halten? Welche Person oder psychische Reprä-
sentanz symbolisiert er?

Die Gestalt des »schwarzen Jägers« vereint Eigenschaften einer
extrem negativen ödipalen Vaterfigur in sich. Alles das, was ein ödipaler Junge an rächendem und kastrierendem Verhalten von seinem
Vater fürchtet, findet sich in der Gestalt des schwarzen Jägers wieder.
Samiel ist auf der Suche nach Opfern, die er zu vernichten trachtet.
Und so wird sich die Kastrationsdrohung, die von Samiel ausgeht,
später an Kaspar auch real erfüllen.

Zu dieser bedrohlichen, negativen Vater-Sohnbeziehung gibt es in dieser Oper aber auch ein positives Gegenstück. Der Vater wird ja vom ödipalen Jungen nicht nur gehasst, sondern auch geliebt. Es gibt im Jungen gleichzeitig Strebungen und Wünsche, sich mit dem Vater und dessen Stärke positiv zu identifizieren. Diesen hellen, positiven Teil der Vater-Sohnbeziehung erleben wir in der Beziehung von Max zu Kuno. Am Ende der Oper wird noch eine andere Person in Erscheinung treten, die väterliche, nahezu therapeutische Funktionen gegenüber Max übernehmen wird. Diese Person wird dann die entscheidende Hilfestellung geben, um das Geschehen zum Guten zu wenden.

Doch noch befinden wir uns in der Wolfsschlucht. Nachdem sich Kaspar der Mitwirkung Samiels versichert hat, wartet er unruhig auf das Eintreffen von Max, der bald darauf auf einer Felsspitze erscheint.

### 2. Aufzug, 6. Auftritt

**Max**
Ha! Furchtbar gähnt der düstre Abgrund, welch ein Graun!
Das Auge wähnt in einen Höllenpfuhl zu schaun!
Wie dort sich Wetterwolken ballen, der Mond verliert von seinem Schein!
Gespenst'ge Nebelbilder wallen, belebt ist das Gestein!
Und hier – husch, husch, fliegt Nachtgevögel auf im Busch!
Rotgraue narb'ge Zweige trecken nach mir die Riesenfaust!
Nein! Ob das Herz auch graust, ich muss! Ich trotze allen Schrecken!
(*Er klettert einige Schritte herab.*)

**Kaspar** *(richtet sich auf und erblickt ihn)*
Dank, Samiel! Die Frist ist gewonnen!
*(zu Max)*
Kommst du endlich, Kamerad? Ist auch recht, mich so allein zu
lassen?
Siehst du nicht, wie mir's sauer wird?
*(Er hat das Feuer mit dem Adlerflügel angefacht
und erhebt diesen im Gespräch gegen Max.)*

**Max** *(nach dem Adlerflügel starrend)*
Ich schoss den Adler aus hoher Luft;
ich kann nicht rückwärts, mein Schicksal ruft! –
*(Er klettert einige Schritte, bleibt dann wieder stehen
und blickt starr nach dem gegenüberliegenden Felsen.
Der Geist seiner Mutter erscheint im Felsen.)*
Weh mir!

**Kaspar**
Hasenherz! Klimmst ja sonst wie eine Gemse!

**Max**
Sieh dorthin! Sieh!
*(Er deutet nach dem Felsen, man erblickt eine
weiß verschleierte Gestalt, die die Hand erhebt.)*
Was dort sich weist, ist meiner Mutter Geist!
So lag sie im Sarg, so ruht sie im Grab!
Sie fleht mit warnendem Blick! Sie winkt mir zurück!

**Kaspar** *(für sich)*
Hilf, Samiel!
*(laut)*
Alberne Fratzen! – Hahaha! Sieh noch einmal hin,
damit du die Folgen deiner feigen Torheit erkennest.
*(Die verschleierte Gestalt ist verschwunden, man erblickt Aga-thens Gestalt mit aufgelösten Locken und wunderlich mit Laub und Stroh aufgeputzt. Sie gleicht völlig einer Wahnsinnigen und scheint im Begriff, sich in den Wasserfall herabzustürzen.)*

**Max**
Agathe! Sie springt in den Fluss!
Hinab! Hinab! Ich muss!
*(Die Gestalt verschwindet, Max klimmt vollends herab, der Mond fängt an sich zu verfinstern.)*

Nun wird es offenbar, worin das Gefährliche, ja Tod bringende der Wolfsschlucht liegt. Der heiße Wunsch des kleinen Jungen, sich mit der Mutter sexuell zu vereinigen, ist zwar eine erregende Vorstellung, aber ihre Erfüllung brächte den psychischen Tod. Insofern verbinden sich an diesem Punkt Gefühle der Erwartung höchster Lust mit denen von Todesangst, der Angst vor der Auslöschung der eigenen individuellen Existenz. Denn der Inzestwunsch mit der Mutter ist gleichbedeutend mit einer nach rückwärts gewandten Wiederverschmelzung des Selbst mit der Mutter aus der paradiesischen Zeit der engen dyadischen Verbundenheit. Deshalb ist es so wichtig, dass vor dem Tor zu diesem regressiven Paradies der Engel mit dem Flammenschwert steht und einen Wiedereintritt verhindert. Die sexuell-ödipalen Wünsche müssen unbedingt unerfüllt bleiben, andernfalls droht der Untergang im Strudel einer Psychose.

Der Psychoanalytiker Grunberger (1980) schildert solch einen Fall, bei dem diese gefährliche Grenze überschritten wurde und die natürliche Inzestscheu offensichtlich versagte. Es handelte sich um einen 20jährigen Mann, der von seiner Mutter zum Inzest verführt worden war. Wie die Mutter berichtete, schlief ihr Sohn unmittelbar ein, nachdem er in sie eingedrungen war. Als er wieder aufwachte, war er schizophren.

Solch eine erschreckende Vision wird in den »Gebilden der Nacht« ausgedrückt, die dem Max an den Felswänden erscheinen. Auf wen sich seine verdrängten sexual-ödipalen Wünsche richten, erfährt Max durch die Geistererscheinungen. Die Person der Mutter, die ansonsten in dieser Oper sorgsam ausgespart wird, taucht hier am Abstieg in die Schlucht, am Tor zum Unbewussten auf und verdeutlicht damit das unbewusste Thema: Es geht um verdrängte Wünsche und Phantasien, die sich auf die Mutter richten. Welche Gefahr ihm droht, erfährt er an der zweiten weiblichen Gestalt: Es erscheint das Bild der Agathe, die vom Wahnsinn umnachtet, sich in den Fluss zu stürzen droht.

Die Traumgebilde warnen Max vor seinem Vorhaben, sich regressiv in die Räume von Allmacht und Magie zurück zu begeben und sich inzestuös mit der archaischen Mutter zu vereinigen und machen ihm unmissverständlich klar: Dort lauert die Gefahr des Wahnsinns. Wie ist es zu verstehen, dass Max trotz dieser Warnung seinen Abstieg in das Reich der Mütter fortsetzt?

Maxens Abstieg ist offensichtlich nicht als ein regressiver Akt der Wunscherfüllung aufzufassen, sondern dieser Abstieg beschreibt einen therapeutischen Weg, auf den sich der erwachsene Max begibt. Um sich von den ihn in der Tiefe seiner Psyche festhaltenden ödipal-neurotischen Kräften zu befreien, muss er hinab in die Abgründe seiner ödipalen Wunschphantasien und muss sie aus dem Reich der Verdrängung in sein Tagesbewusstsein zurückholen. Er muss vor allem hinab zu seinen ödipalen Ängsten, die der Verdrängung anheim gegeben wurden. Aus alldem wird klar, auf welchen Bereich der Psyche die Wolfsschlucht verweist: Die Wolfsschlucht symbolisiert das Unbewusste, genauer: das verdrängte Unbewusste.

Kaspar, der im Gegensatz zu Max, den regressiven Kräften erlegen ist, beginnt im Folgenden mit der zauberischen Zeremonie des Kugelgießens. Er nimmt eine Gießkelle und legt in sie geheimnisvolle Ingredienzien hinein: Blei, gestoßenes Glas von zerbrochenen Kirchenfenstern, Quecksilber, drei Kugeln, die schon einmal getroffen haben, das rechte Auge eines Wiedehopfs und das linke eines Luchses. Dann spricht er einen Kugelsegen und die Masse in der Gießkelle beginnt zu gären und zu sieden. Kaspar gießt und zählt, beginnend mit »eins«. Jede Zahl wird durch ein Echo bestätigt. Gleichzeitig ereignen sich phantastische Erscheinungen.

Bei der »Eins« kommen Waldvögel herunter und setzen sich um den Kreis. Bei der »Zwei« bricht ein schwarzer Eber durchs Gebüsch. Bei der »Drei« erhebt sich ein tosender Sturm. Bei der »Vier« hört man Peitschengeknall und Pferdegetrappel und vier feurige funkenwerfende Räder rollen vorüber. Bei der »Fünf« ertönt Hundegebell und Pferde wiehern, Jäger, Hirsche und Hunde ziehen auf der Höhe vorüber. Bei der »Sechs« entladen sich die Gewitter mit Blitzen und Donnern und die Erde scheint zu schwanken. Bei der »Sieben« ruft Kaspar Samiel herbei. Dieser erscheint und Kaspar und Max fallen zu Boden. Als sie sich mühsam wieder aufrichten, ist Samiel verschwunden und der gespenstische Spuk verflogen. Es ist wieder Stille eingetreten.

Eine äußerst dramatische, wirkungsvolle Szene mit dumpfen Paukenschlägen, einer einsamen dunkeltönenden Klarinette und aufgeregt tremolierenden Streichern. Nach jedem Echo entlädt sich jeweils ein tosendes Orchester mit dahinjagenden Figuren und crescendierenden Modulationen. Wahrlich ein orgiastischer Ritt, der hier vom vollbesetzten Orchester vollführt wird.

Man sagt der romantischen Dichtung nach, dass sie zu einer hemmungslosen Übersteigerung der Phantasie neigt. Hier erleben wir etwas davon. Dieses übermäßige Aufgebot an Spuk und gespenstischen Erscheinungen ist beeindruckend. Der durchs Gebüsch brechende schwarze Eber wie auch die anderen vorbeijagenden Tiere – Pferde, Hirsche und Hunde – sind treffliche Symbolisierungen für machtvolle sexuell-aggressive Triebkräfte aus dem Unbewussten, die hier entfesselt werden. Aber diese Gebilde der Nacht sind gleichzeitig auch eine unbändige Lust an einer übersteigerten Phantasterei. Librettist und Komponist scheinen hier ihrerseits von dieser Triebdynamik erfasst worden zu sein, die sie mit dem schwarzen Eber durchs Gebüsch jagen und mit den Pferden und Hirschen einen orgiastischen Ritt vollführen lässt. »Großmutters Lustwäldchen« wird im folgenden Auftritt ein Jäger die Wolfsschlucht nennen. Eine triebgeladene Zwischenaktsmusik im *molto vivace* bildet den krönenden Abschluss dieser Szenerie. Furioser kann ein Opernakt nicht enden.

Kaspar hat die gegossenen Freikugeln zwischen sich und Max aufgeteilt: vier für Max und drei für sich. Da Max, um dem Fürsten zu imponieren, bereits drei Schüsse abgegeben hat, besitzt er nur noch eine. Er bedrängt Kaspar, ihm noch welche aus seinem Besitz zu geben. Doch der ist nicht dazu bereit. Er verschießt seine letzte Kugel vor den Augen von Max. Nun ist nur noch die Teufelskugel übrig, die beim Probeschuss – entsprechend den Rachewünschen des

Kaspar – Agathe treffen soll. Kaspar *(für sich)*: »Wohl bekomm's der schönen Braut!«

# 10. Das Erschrecken der frommen, unschuldigen Braut

Doch bevor sich die Dinge zuspitzen und im Probeschuss kulminieren, erlebt der Zuschauer noch einmal einen Schwenk aus ödipalweidmännischer Männerwelt in die tugendhafte weibliche Gegenwelt, in Agathens Zimmer, das als »altertümlich, doch niedlich verziert« präsentiert wird. Zur weiteren Ausgestaltung der biedermeierischen häuslichen Idylle ist auch ein kleiner Hausaltar zu sehen, an dem Agathe kniet. Bräutlich weiß, mit grünem Band gekleidet, singt Agathe mit wehmütiger Andacht eine Kavatine.

**3. Aufzug, 2. Auftritt**
**Kavatine**

**Agathe**
Und ob die Wolke sie verhülle,
die Sonne bleibt am Himmelszelt;
es waltet dort ein heil'ger Wille,
nicht blindem Zufall dient die Welt!
Das Auge, ewig rein und klar,
nimmt aller Wesen liebend wahr!
Für mich auch wird der Vater sorgen,
dem kindlich Herz und Sinn vertraut,
und war dies auch mein letzter Morgen,
rief mich sein Vaterwort als Braut:
Sein Auge, ewig rein und klar,
nimmt meiner auch mit Liebe wahr!

So wie Max offensichtlich noch an die Mutter der Ödipalzeit gebunden ist, so gilt Vergleichbares auch für Agathe. Auch sie scheint noch an ihren frühen Vater gebunden, dem sie mit »kindlich Herz und Sinn vertraut« und dem sie sich im Gebet hingibt. Man mag sich unwillkürlich fragen: Braucht vielleicht Agathe – symbolisch gesprochen – einen »Schuss«, der sie aus ihrem unschuldigen Dornröschenschlaf aufschreckt?

Ein erstes Erschrecken erlebt sie im folgenden Auftritt. Agathe erzählt Ännchen einen nächtlichen Traum: »Mir träumte, ich sei in eine weiße Taube verwandelt und fliege von Ast zu Ast; Max zielte nach mir, ich stürzte; aber nun war die weiße Taube verschwunden, ich war wieder Agathe, und ein großer schwarzer Raubvogel wälzte sich im Blute.«

Ännchen betätigt sich sogleich als Traumdeuterin und bietet die folgende Erklärung an: »Du arbeitetest noch spät an dem weißen

Brautkleide und dachtest gewiss vor dem Einschlafen an deinen heutigen Staat; da hast du die weiße Taube! Du erschrakst vor den Adlerfedern auf Maxens Hut, es schauert dir überhaupt vor Raubvögeln; da hast du den schwarzen Vogel! Bin ich nicht eine geschickte Traumdeuterin?«

Da wir uns ganze 80 Jahre vor dem Erscheinen von Sigmund Freuds Buch »Die Traumdeutung« befinden, wollen wir mit Ännchens Deutungsversuch nicht zu hart ins Gericht gehen, zumal sie ja in einem Punkt Recht hat, nämlich, dass es Agathe »vor Raubvögeln schauert«. Dass sie sich in ihrem Traum von einer weißen Taube in eine Agathe verwandelt und zwar in einer Situation, in der Max einen Schuss auf sie abgibt, macht für einen symbolisch kundigen Zuschauer recht sinnfällig, um welchen »großen schwarzen Vogel« es sich hier handelt, der ihr etwas raubt und welches Blut hier gemeint sein mag.

Die Taube war von alters her ein Symbol für Unschuld, ebenso wie das weiße Gewand. Beides taucht in dieser Szene auf und verdeutlicht, wie zentral das Unschuldigsein der Braut im Denken dieser Zeit verankert war. Das aufstrebende Bürgertum besaß gegenüber dem Adel keinen Rang und kaum Besitztümer. Das einzige was man aufzuweisen hatte, war die bürgerliche Ehre. Gegenüber dem sittenverderbten *ancien régime* grenzte man sich durch Moral und hohe ideelle Werte ab. An der moralischen Überlegenheit machte sich das ganze bürgerliche Selbstwertgefühl fest. Während sich die Männer durch Leistung und Verdienst profilierten, fiel es den Frauen zu, tugendhaft zu sein und die Mädchen hatten bis zur Eheschließung ihre Unschuld zu bewahren. Unschuldig zu sein bedeutete charakterlich gut und vor allem sich seiner sexuellen Wünsche und Phantasien nicht bewusst zu sein. Solch einen kindhaften Zustand sollten die Frauen so lange wie möglich beibehalten. So heißt es bei Ernst

Moritz Arndt: »Glücklich der Mann, dem ein Weib ins Haus zieht, deren frommes Gemüt noch eine unbeschriebene Kindertafel ist«. Die Unschuld der Braut entsprach wohl weniger einem Bedürfnis des weiblichen Geschlechts als vielmehr den Ängsten der ödipal fixierten Männer, die auf keinen Fall an ihre ödipalen Wünsche und Ängste erinnert werden und in die alte Position der Kleinheit zurückfallen wollten. So heißt es in einem anderen Buch aus dieser Zeit:

> »Nichts fesselt die Begierde so sehr wie das rührende Beispiel echter weiblicher Unschuld, die gänzlich unberührt von jeder Trübnis geblieben ist... unschuldig, frisch, wie neugeboren steht sie vor dem entzückten Mann, der sie bald sein eigen nennen darf ... lässt die Liebe heiß und brennend in seiner Brust lodern ... macht ihn gewiss, dass sie die Liebe noch nicht kennt...« (Budussin 1774)

Nach diesem Zitat wird deutlich, warum es den Männern des Biedermeiers so wichtig war, dass die Frauen »unschuldig, frisch, wie neugeboren« sein und die (sexuelle) Liebe noch nicht kennen sollten. Für den Knaben der Ödipalzeit ist die Vorstellung nahezu unerträglich, dass die nährende und liebende Mutter auch eine sexuelle Mutter ist, und das heißt vor allem, die sexuelle Partnerin des Vaters. Das weckt Neid und Eifersucht in ihm und Wut auf den Vaterrivalen. Deshalb will der ödipal fixierte Mann durch nichts an die Sexualität der Eltern erinnert werden. Er versucht sie zu verleugnen und phantasiert sich eine Frau, die rein und makellos ist. Wie weitreichend diese Aversion gegen den Gedanken an die Sexualität der Eltern sein kann, schildert Ronald Britton (1998) in einer kurzen Episode eines ödipal fixierten Patienten.

> »Dieser Patient hatte kurz zuvor eine Beziehung zu einer romantisch idealisierten Frau aufgenommen, und er schilderte mir lyrisch überschwäng-

lich ein gemeinsames Essen, auf das nur dadurch ein Schatten fiel, dass sie zum Schluss ihren früheren Ehemann erwähnt hatte. Danach hatte für ihn nichts mehr gestimmt. Er hatte an ihrem Bein eine kleine Narbe entdeckt, die ihm wie ein Makel erschien. Er war impotent geworden und konnte sich nicht mehr dazu überwinden, mit ihr Kontakt aufzunehmen... Die durch seinen Neid und seine Eifersucht geweckte Feindseligkeit führte dazu, dass er sich von der Frau trennte...«

Da den frommen und unschuldigen Frauen der Biedermeierzeit die sündhafte Sexualität nicht vertraut war – weil nicht vertraut sein durfte –, konnten sie sich umso naiver und unbekümmerter der sexuellen Symbolik bedienen und sich lustvoll über »Raubvögel« unterhalten. Und weil es so viel Spaß macht, taucht dieses Thema im folgenden dritten Auftritt sogleich wieder auf, wo wir Agathe im Gespräch mit Max mit den Worten vernehmen: »So große Raubvögel, wie ich diesen mir denken muss, haben immer etwas Furchtbares.« Das diesbezüglich etwas lockerere Ännchen hat offensichtlich weniger Ängste vor »großen Raubvögeln« und hält dagegen: »Das dächt ich nicht, mir sehen sie recht stattlich aus.«

Sigmund Freuds Lust zu deuten steht – wie wir sehen – durchaus in guter romantischer Tradition. Denn wie schon Klemperer (1922) feststellte: »Der Romantiker will immer deuten; er hat immer ein Geheimnis zu enthüllen.« Doch vor der Enthüllung der verdrängten Sexualität sind die romantischen Dichter und Philosophen offensichtlich doch zurückgeschreckt, wie Agathe vor großen Raubvögeln. Diese heikle Aufgabe blieb ausgespart und wartete auf den großen Aufklärer und Erlöser, der dann am Ende des Säkulums auch erschien. Man versteht jetzt, warum für den Spätromantiker Freud vor allem die Sexualität zum zentralen Gegenstand seines Forschens in der Welt des Unbewussten wurde und ihn zur Entdeckung des Ödipuskomplexes führte. Die Sexualität war in der Romantik die am stärksten verdrängte Triebkraft, die sich, da ihr der Zugang zum Bewusstsein versperrt war, einen Ausweg in symbolischen Darstellungen suchte und auch fand. Wie wir sehen, ist der Freischütz geradezu eine Fundgrube für mannigfaltige Sexualsymbolik.

Um die mit Agathes Traumerzählung aufkommende Gefahr des Durchbruchs unzüchtiger Gedanken zu begegnen, beginnt Ännchen nach dem Motto »Träume sind Schäume« die Bedeutung von Träumen zu bagatellisieren. Sie erzählt den Traum einer Base, in dem das Ungeheuer des Traums sich schließlich als eine Sinnestäuschung erwies: »Der Geist war: – Nero – der Kettenhund!«

Doch so leicht lässt sich das Unbewusste nicht abwimmeln und zum Schweigen bringen. Gleich in der nächsten Szene mischt es sich erneut in das alltägliche Geschehen ein. Es erscheinen die Brautjungfern mit ihren berühmten »Wir winden dir den Jungfernkranz«, einem wunderschön schlichten und unschuldig mädchenhaft klingenden Volkslied, dessen Strophen von einzelnen Brautjungfern vorgetragen werden und in den einschmeichelnden Refrain »Schöner grüner, schöner grüner Jungfernkranz« münden, der von allen Mädchen gemeinsam gesungen wird. Dieses Volkslied hat bereits bei der Uraufführung in Berlin enthusiastischen Beifall ausgelöst und musste auf Grund von lautstarken »Da Capo«-Rufen wiederholt werden.

### 3. Aufzug, 4. Auftritt

**Andante quasi Allegretto**

Wir win - den dir den Jung - fern - kranz mit

veil - chen - blau - er    Sei - de

**Erste Brautjungfer**
Wir winden dir den Jungfernkranz mit veilchenblauer Seide;
Wir führen dich zu Spiel und Tanz, zu Glück und Liebesfreude!

**Alle** *(einen Ringelreihn um Agathe tanzend)*
Schöner grüner, schöner grüner Jungfernkranz!
Veilchenblaue Seide! Veilchenblaue Seide! etc.

Ännchen kommt mit einer »zugebundenen runden Schachtel« ins Zimmer, in der der Jungfernkranz enthalten sein soll. Doch als Agathe ihn öffnet, ertönt bei den Umstehenden ein Aufschrei des Entsetzens: In der Schachtel liegt ein silberner Totenkranz.

Ännchen macht die Schachtel schnell wieder zu und versucht das Ganze als eine dumme Verwechslung der Botenfrau herunterzuspielen. Es entsteht ein betretenes Schweigen.

Nachdem Agathe sich von ihrem Schreck erholt hat, macht sie zur
Rettung der Situation den folgenden Vorschlag.

### 3. Aufzug, 5. Auftritt

**Agathe**
Vielleicht ist dies ein Wink von oben;
der fromme Eremit gab mir die weißen Rosen
so ernst und bedeutend; windet daraus die Brautkrone.
Vor dem Altar und im Sarge
mag die Jungfrau weiße Rosen tragen.

Vielleicht war dieses Ereignis aber kein »Wink von oben« sondern viel-
mehr ein »Wink von unten«, ein Wink vom Unbewussten. Der Tod
stellt in Träumen oftmals ein Symbol für Wandlung dar. Und dass sich
bei Agathe etwas ändern muss, um eine erwachsene Braut und Frau zu
werden, hatten wir gerade zuvor festgestellt. Doch für Agathe war
diese Botschaft des Unbewussten zu schwach oder zu unverständlich,
so dass offenbar noch ein weiterer Schreck notwendig sein wird, damit
sie aus ihrem dornröschenhaften Mädchentum erwacht.

Das um Aufheiterung bemühte Ännchen fordert die Brautjungfern
inständig auf, den Refrain ihres Liedes ein weiteres Mal zu singen.
Dieser erklingt damit zum sechsten Male – also vor dem magischen
siebten Male wird angstvoll Halt gemacht. Der Gesang bekommt an
dieser Stelle einen ausgesprochenen melancholischen Charakter, der so
etwas wie Abschied signalisiert. Klingt hier der Abschied Agathes von
ihrer Jugendlichkeit an? Ist es Zeit für Agathes Ent-Jungferung? Zeit
für einen Probeschuss auf die unschuldig weiße Taube?

# 11. Der Probeschuss oder die Erfüllung der ödipalen Wunschphantasien

Auf der Bühne tritt eine Verwandlung ein. Die Bühnenanweisung lautet:

> Eine schöne romantische Gegend. Auf der einen Seite die fürstlichen Jagd-
> zelte, worin vornehme Gäste und Hofleute, alle Brüche auf den Hüten,
> bankettieren. Auf der anderen Seite sind Jäger und Treibleute gelagert,
> welche gleichfalls schmausen; hinter ihnen Hirsche, Eber und anderes Wild
> als Jagdbeute.

Vollmundig geblasene Hörner intonieren den berühmten Jägerchor.
Hier weht erneut ein Hauch von jener eigentümlichen Liebe des Deutschen zu seinem Wald durch den Theaterraum, der durch keine Musik
ein imposanteres Denkmal erhalten hat als durch Carl Maria von
Webers Freischütz-Musik, insbesondere durch seinen eigentümlichen
Hörnerklang und den nun folgenden Jägerchor. Wenn es stimmt, was
ein geistreicher Franzose einmal geäußert haben soll, dass der Freischütz
eigentlich gar keine Oper, vielmehr Deutschland selbst sei, so wird er
sicherlich vor allem an das folgende Musikstück gedacht haben.

### 3. Aufzug, 6. Auftritt

**Molto vivace**

**Chor der Jäger**
Was gleicht wohl auf Erden dem Jägervergnügen?
Wem sprudelt der Becher des Lebens so reich?
Beim Klange der Hörner im Grünen zu liegen,
den Hirsch zu verfolgen durch Dickicht und Teich,
ist fürstliche Freude, ist männlich Verlangen,
erstarket die Glieder und würzet das Mahl.
Wenn Wälder und Felsen uns hallend umfangen,

tönt freier und freud'ger der volle Pokal!
Jo ho! Tralala!

Diana ist kundig, die Nacht zu erhellen,
wie labend am Tage ihr Dunkel uns kühlt.
Den blutigen Wolf und den Eber zu fällen,
der gierig die grünenden Saaten durchwühlt,
ist fürstliche Freude, ist männlich Verlangen,
erstarket die Glieder und würzet das Mahl.
Wenn Wälder und Felsen uns hallend umfangen,
tönt freier und freud'ger der volle Pokal!
Jo ho! Tralala!
(*Anstoßen der Gläser und lautes Gejubel*)

Dieses schmissige Lied, wie auch bereits frühere Gesänge, lassen den
Eindruck entstehen, als wäre die Jagd für den Romantiker – und vielleicht nicht nur für ihn – so etwas wie ein Ventil gewesen, wo er seine
ansonsten in der Verdrängung gehaltenen sexuellen Triebkräfte stell-
vertretend ausgelebt hat. Hier wird in »fürstlicher Freude« aus allen
Rohren geschossen, was einem »männlich Verlangen« entspricht und zu
einem »Erstarken der Glieder« verhilft. Entsprechend lustvoll und
voller Potenz klingt diese Musik. Hier ist Weber eine treffsichere
Versinnbildlichung sowohl der Waldromantik als auch der beteiligten
unbewussten Triebkräfte gelungen.

Man kommt nicht umhin, die Vermutung auszusprechen, dass diese
erotisch anmutende Begeisterung für den Wald, der als »hallend um-
fangend« erlebt wird, auf einer symbolischen Ebene als ein Substi-
tut für die Mutter anzusehen ist. Dieses Mutter-Substitut erlaubt
es, an den alten ödipalen Wunschphantasien festzuhalten und die

lustvoll-orgiastische Vereinigung im »freudigen Krieg« in »(Groß-)
Mutters Lustwäldchen« zu suchen. Bei dieser Lösung braucht man den
bedrohlichen Inzest und die in den Wahnsinn treibenden Folgen nicht
zu fürchten.

Der sinnlich-symbolische Zusammenhang zwischen sexuellem
Begehren und der Jagd war der Frühromantik durchaus bekannt. So
lesen wir bei Campe: »Ist die Sinnlichkeit im heranwachsenden Weibe
erwacht, so ist auch die Schar der Verführer nicht mehr weit, die sich
wie Jäger um das kostbare Wild drängen« (Campe 1787). Der Ethno-
loge, Schriftsteller und Psychoanalytiker Paul Parin, der selbst Zeit
seines Lebens ein leidenschaftlicher Jäger war, beschreibt ebenfalls
dieses Zusammengehen von Jagd und sexueller Lust:

> »Das Jagdfieber erfasste mich immer wieder mit der gleichen Macht, wie
> sexuelles Begehren... Wenn man über Jagd schreibt, muss man über sexuel-
> le Lust schreiben« (Parin 2003, S. 65).

Als Heranwachsender erfährt Parin beim Schießen auf einen Hasel-
hahn seinen ersten Orgasmus: »Seither gehören für mich Jagd und Sex
zusammen« (ebd., S. 13). Doch ist es nicht nur die Sexualität, die in
der Jagd mitlebt, sondern ebenso auch die Lust am Töten. Ganz im
Sinne unserer Deutungslinie einer ödipalen sexuellen Lust einerseits
und eines Tötungswunsches gegen den Vaterrivalen andererseits,
beschreibt Parin die Jagd als einen Raum, in dem die Lust an Mord
und Verbrechen mitbeteiligt ist:

> »Das Jagdfieber gewährleistet hemmungslosen sexuellen Genuss und die
> Lust am Verbrechen... Alle erdenklichen naturphilosophischen und religi-
> ösen Argumente müssen herhalten, um die Jagd von jedem moralischen
> Makel freizusprechen. Und doch ist die Jagd der einzige normale Fall, bei

dem das Töten zum Vergnügen wird« (ebd., S. 8f. und 18).

So wie uns dies im Volkslied beim Jäger aus Kurpfalz etwas verharmlosend begegnet, wo »die Jägerei gar lustig ist« und der Jäger »das Wild daherschießt gleich wie es ihm gefällt«, so spricht Kuno hier im Freischütz dasselbe aus, wenn er von der Jagd als vom »freudigen Krieg« spricht. Auch für Parin taucht im Wild symbolisch der ödipale Vater wieder auf und der Jäger, als ein ödipaler Rebell, »genießt unbewusst, die Imago des Vaters, das Wild, kaltblütig zu töten« (ebd., S. 74).

Und ist es nicht Webers Musik, die genau dieses Zusammengehen von sexueller und aggressiver Lust ausdrückt, wie sie der kleine Junge in der Ödipalzeit erstmalig in seinem jungen Leben erfährt? Dieses Erleben wird nicht auf diese Frühzeit beschränkt bleiben, sondern im weiteren Leben immer wieder einmal auftauchen und zu einer erneuten Meisterung herausfordern, denn »die ödipale Situation der Kindheit ist erst der Prolog eines lebenslangen Spiels, das in immer neuen Varianten inszeniert wird« (Müller-Pozzi).

Eine solche – äußerst kreative – Inszenierung ödipaler Wunschphantasien erleben wir im Operngeschehen im folgenden 6. Auftritt, in der von Max der Probeschuss gefordert wird.

Im fürstlichen Jagdzelt wendet sich Förster Kuno mit der Bitte an Fürst Ottokar, Max den Probeschuss vor der Ankunft der Braut ablegen zu lassen, da er fürchtet, die »Gegenwart der Braut könne ihn in Verwirrung setzen«. Fürst Ottokar stimmt diesem Wunsch großmütig zu.

Doch, so fragt sich der aufgeklärte Zuschauer, was taugt ein Potenzbeweis ohne die Anwesenheit einer Frau? Entsprechend wird dieser untaugliche Vorschlag auch nicht greifen. Obwohl anders geplant, wird die Braut zum Probeschuss rechtzeitig anwesend sein. Fürst Ottokar gibt das Zeichen.

### 3. Aufzug, 6. Auftritt

**Ottokar**
Wohlauf, junger Schütz!
Einen Schuss, wie heut früh deine drei ersten,
und du bist geborgen!
(*Nachdem er sich umschaut.*)
Siehst du dort auf dem Zweig die weiße Taube?
Die Aufgabe ist leicht. Schieß!
(*Max legt an. In dem Augenblick, da er losdrücken will,
tritt Agathe mit den übrigen zwischen den Bäumen heraus,
wo die weiße Taube sitzt.*)

**Agathe** (*schreit*)
Schieß nicht! Ich bin die Taube!
(*Die Taube flattert auf und nach dem Baum, von welchem
Kaspar eilig herabklettert. Max folgt mit dem Gewehr; der
Schuss fällt. Die Taube fliegt fort. Sowohl Agathe als Kaspar
sinken. Hinter der ersten tritt der Eremit hervor, fasst sie auf und
verliert sich dann wieder unter dem Volk. Dies alles ist das Werk
eines Augenblicks. Sowie der Schuss fällt beginnt das Finale.*)

### Finale

**Chor der Hofleute, Jäger und Landleute**
Schaut, o schaut! Er traf die eigne Braut!
**Einige**
Der Jäger stürzte vom Baum!

**Chor**
Wir wagen's kaum, nur hinzuschaun!
O furchtbar Schicksal, o Graun!
Unsre Herzen beben, zagen!
Wär' die Schreckenstat geschehn?
Kaum will es das Auge wagen, wer das Opfer sei zu sehn.
(*Ottokar und seine nähere Umgebung sind zu Agathe geeilt;
Jäger zu Kaspar. Agathe wird in den Vordergrund auf eine
Rasenerhöhung gebracht. Max liegt vor ihr auf den Knien.*)

**Agathe** (*erwacht aus schwerer Ohnmacht*)
Wo bin ich? War's Traum nur, dass ich sank?

**Ännchen**
O fasse dich!

**Max, Kuno und Chor**
Den Heil'gen Preis und Dank!
Sie hat die Augen offen!

**Einige** (*auf Kaspar zeigend*)
Hier dieser ist getroffen,
der rot vom Blute liegt!

**Kaspar** (*sich krampfhaft krümmend*)
Ich sah den Klausner bei ihr stehn;
der Himmel siegt! Es ist um mich geschehn!

**Andere**
Vernahmt ihr's nicht? Er rief den Bösen!

**Agathe** *(sich nach und nach erholend und aufstehend)*
Ich atme noch, der Schreck nur warf mich nieder.
Ich atme noch die liebliche Luft, ich atme noch!

**Kuno**
Sie atmet frei!

**Max**
Sie lächelt wieder!

**Agathe**
O Max!

**Max**
Die süße Stimme ruft!

**Agathe**
O Max, ich lebe noch!

**Max**
Agathe, du lebest noch!

**Alle**
Den heil'gen Preis und Dank!

Kaspar erblickt den kurz auftauchenden Samiel und verflucht ihn. Kaum dass er seine Flüche ausgesprochen hat, stirbt er. Kuno und der Chor singen eine kurze, aber sehr musikantisch wirkende Fuge. Ein nicht unbedingt würdevoller Grabgesang:

**Kuno und Chor**
Er war von je ein Bösewicht!
Ihn traf des Himmels Strafgericht!

Welch ein genialer Einfall, welch ein treffliches Bild wird hier im Finale vom Librettisten für die ödipale Konfliktproblematik gewählt. Die sexuellen Wünsche gegen die Mutter und der Tötungswunsch gegen den Vater werden hier zu einem einzigen Bild verdichtet. Max benutzt die bereits erwähnte Doppelrohrflinte, die gleichsam mit ödipaler Munition geladen ist: mit einer sexuellen und einer aggressiven Kugel. Mit der Kugel der genital-sexuellen Wunschphantasie trifft er Agathe, sein ödipales Liebesobjekt, und lässt sie niedersinken. Agathe ist von dieser sexuellen Attacke zwar erschrocken, doch nicht zu Tode erschrocken. Als sie sich vom ersten Schreck erholt hat, wirkt sie ausgesprochen glücklich und entspannt mit liebevollen Gefühlen zu ihrem Max: »Ich atme noch, der Schreck nur warf mich nieder. O Max, ich lebe noch!«

Hat dieser Schuss dazu beigetragen, dass sie ihre Angst vor männlicher Sexualität überwinden konnte? Hat hier so etwas wie eine symbolische Entjungferung Agathes stattgefunden?

Die andere, tödlich vernichtende Kugel räumt den Rivalen um die geliebte Frau aus dem Weg. Doch Kaspar ist nicht nur der symbolische Vaterrivale um sein Liebesobjekt, sondern, wie wir in der Wolfsschluchtszene festgestellt haben, auch ein Selbstanteil von Max, nämlich jener Selbstanteil, der seine Kleinheit und genitale Unreife mit Mitteln der Magie und des Größenwahns zu verleugnen versucht.

Als symbolischer Vaterrivale darf Kaspar auf keinen Fall sterben, denn der in der Phantasie gewünschte Vatermord muss unerfüllt bleiben und darf sich in der Realität nicht ereignen. Sein Tod wäre für Maxens psychische Weiterentwicklung eine Katastrophe. Aber als ein symbolischer Vertreter für die Verleugnung der eigenen Kleinheit und kindlichen Unzulänglichkeit muss Kaspar sterben, denn Max muss lernen, seinen Mangel und seine Begrenztheit nicht zu verleugnen, sondern sie zu akzeptieren. Die Fähigkeit, Mangel zu ertragen, ist eine der zentralen und wichtigen Errungenschaften der Ödipalzeit.

Der Probeschuss schafft also eine Situation, die die Erfüllung sowohl der sexuellen wie der aggressiven ödipalen Wunschphantasie zeigt. Sowohl der phantasierte Inzest mit der Mutter als auch der Vatermord werden – zumindest für einen kurzen Moment – als erfüllt dargeboten. Doch damit das kleine Kind der Ödipalzeit psychisch keinen Schaden erleidet, darf genau dies nicht geschehen. Müller-Pozzi:

> »Das Wesen der ödipalen Situation liegt in der Unerfüllbarkeit ihrer Wünsche. Der Ödipuskomplex ist zum Untergang bestimmt... Die ödipalen Wünsche scheitern an ihrer Unerfüllbarkeit und durch ihr Scheitern werden sie zum Motor der künftigen Entwicklung... Indem die primären Objekte die Wünsche aufnehmen und deren Befriedigung wohlwollend versagen, geben sie den Wünschen Raum und verweisen deren Befriedigung auf kommende Zeiten mit einem nichtinzestuösen Objekt« (ebd., S. 149 u. 152).

Das heißt, die Oper darf so nicht enden. Das Phantasiebild erfüllter ödipaler Wunschphantasien darf nicht den Abschluss des Operngeschehens bilden. Dieser Ansicht waren glücklicherweise auch Carl Maria von Weber und sein Librettist Friedrich Kind. Und so wählten sie einen Schluss, der – psychologisch gesehen – als ausgesprochen weise und entwicklungsförderlich anzusehen ist.

# 12. Der Eremit:
# Ein empathischer Psychotherapeut

Für Fürst Ottokar hat sich Kaspar als ein Vertreter des Bösen zu erkennen gegeben, und er befiehlt, dessen Leichnam in die Wolfsschlucht zu werfen. Ihm schwant, dass hier etwas nicht mit rechten Dingen zugegangen ist und fordert von Max eine Erklärung für das Geschehene. Max gesteht reumütig:

### 3. Aufzug, 6. Auftritt

**Max**
Herr, unwert bin ich Eurer Gnade;
des Toten Trug verlockte mich,
dass aus Verzweiflung ich vom Pfade
der Frömmigkeit und Tugend wich;
vier Kugeln, die ich heut verschoss,
Freikugeln sind's, die ich mit jenem goss.

**Ottokar** *(zornig)*
So eile mein Gebiet zu meiden
und kehre nimmer in dies Land!
Vom Himmel muss die Hölle scheiden,
nie, nie empfängst du diese reine Hand!

**Max**
Ich darfs nicht wagen, mich zu beklagen;
denn schwach war ich, obwohl kein Bösewicht.

Obwohl sich alle Umstehenden für Max einsetzen, bleibt der Fürst
bei seiner strengen Haltung.

**Ottokar**
Nein, nein, nein! Agathe ist für ihn zu rein!...

Da tritt der Eremit auf die Szene, Alles weicht ehrerbietig zurück und
begrüßt ihn demutsvoll, selbst der Fürst entblößt sein Haupt.

**Eremit**
Wer legt auf ihn so strengen Bann?
Ein Fehltritt, ist er solcher Büßung wert?

**Ottokar**
Bist du es, heil'ger Mann, den weit und breit die Gegend ehrt?
Sei mir gegrüßt, Gesegneter des Herrn!
Dir bin auch ich gehorsam gern. Sprich du sein Urteil;
deinen Willen will treulich ich erfüllen.

**Eremit**
Leicht kann des Frommen Herz auch wanken
und überschreiten Recht und Pflicht,
wenn Lieb' und Furcht der Tugend Schranken,
Verzweiflung alle Dämme bricht.
Ist's recht, auf einer Kugel Lauf

zwei edler Herzen Glück zu setzen?
Und unterliegen sie den Netzen,
womit sie Leidenschaft umficht,
wer höb den ersten Stein wohl auf?
Wer griff' in seinen Busen nicht?
Es finde nie der Probeschuss mehr statt!
Ihm, Herr, *(mit vorwurfsvollem Blick auf Max)*
der schwer gesündigt hat,
doch sonst stets rein und bieder war,
vergönnt dafür ein Probejahr!
Und bleibt er dann, wie ich ihn stets erfand,
dann werde sein Agathes Hand!

**Ottokar**
Dein Wort genüget mir. Ein Höh'rer spricht aus dir.

**Alle**
Heil unserm Herrn, er widerstehet nicht
dem, was der fromme Klausner spricht!
...

**Max**
Die Zukunft soll mein Herz bewähren,
stets heilig sei mir Recht und Pflicht!

Nachdem der Eremit ein Gebet gesprochen hat, vereinigen sich alle
zum Schlussgesang.

**Alle**
Ja, lasst uns die Blicke erheben
und fest auf die Lenkung des Ewigen baun,
fest der Milde des Vaters vertraun!
Wer rein ist von Herzen und schuldlos im Leben,
darf kindlich der Milde des Vaters vertraun!

Die Schlussszene der Oper hält gleichsam zwei Lösungen zur Meisterung der ödipalen Konfliktsituation parat, eine Fürstenlösung und eine Eremitenlösung. Fürst Ottokar spricht sich für eine unerbittliche Bestrafung der ödipalen Phantasien aus. Er will Max aus seiner Heimat verbannen. Doch diese Lösung wäre wenig hilfreich. Denn eine Bestrafung bewirkt nur die Verdrängung der ödipalen Triebwünsche und ebnet damit den Weg in die Neurose. Eine Lösung, die sich auf die Verdrängung der ödipalen Wünsche beschränkt, versperrt eine gesunde Entwicklung und lässt einen Menschen lebenslang unbewusst an die ödipalen Elternpersonen fixiert bleiben.

Deswegen muss uns die Lösung des Eremiten besser gefallen. Zunächst einmal verzichtet der fromme Klausner darauf, Maxens Phantasien zu kriminalisieren und einer Bestrafung zuzuführen. Er sieht sie als einen verzeihlichen Fehltritt an. Damit schafft er ein annehmendes emotionales Klima, das es einem Kind erlaubt, seine Kleinheit und genitale Unreife anzunehmen, da ihn nicht Spott und Herabsetzung dazu zwingen, diesen Mangel zu verleugnen. Und konsequenter Weise spricht sich der Eremit auch für die Abschaffung des Probeschusses aus, da er in weiser Einschätzung erkannt hat, dass dieses Instrument die ödipale Situation in unguter Weise verschärft, anstatt sie zu entspannen. Und er macht noch einen dritten Vorschlag, der ein ausgesprochen kluger, ja ein therapeutischer Vorschlag ist: Er plädiert für ein Probejahr.

In diesem Probejahr soll Max zum einen unter Beweis stellen, dass er seine Inzest- und Vatermordphantasien überwunden hat und sich mit dem väterlichen Gesetz identifiziert. Maxens spontane Bekenntnis »Stets heilig sei mir Recht und Pflicht« lassen die Erreichung diese Ziels erhoffen. Zum anderen ist ein Probejahr gleichbedeutend mit Triebaufschub. So wie dem kleinen Jungen von verständnisvollen Eltern klar gemacht wird, dass seine Liebeswünsche sich im Moment noch nicht, sondern erst später, wenn er groß ist, realisieren lassen, so wird dem Max hier ein vergleichbarer Triebaufschub auferlegt und eine Heirat für später in Aussicht gestellt. Der Triebaufschub ist eine wichtige Errungenschaft am Ende der Ödipalzeit, die das Kind in die Lage versetzt, auf die Mutter als Sexualpartnerin zu verzichten und die Befriedigung seiner genital-sexuellen Wünsche auf spätere Zeiten mit einem Liebesobjekt außerhalb der Familie zu verschieben.

Wir hatten bereits festgestellt, dass für eine Meisterung der ödipalen Triebstürme solche Eltern hilfreich sind, die die Befriedigung der Wunschphantasien wohlwollend versagen. Anders als Fürst Ottokar erweist sich der Eremit mit seinen Vorschlägen als eine solche wohlwollende Elternperson, und es ist ein Glück für Max, dass der Fürst sich diesen psychologisch weisen Vorschlägen des Eremiten anschließt. Für Max entsteht dadurch eine gute Ausgangssituation, seine ödipalen inneren Turbulenzen gut zu meistern und am Ende der Probezeit vielleicht so weit zu sein, die Beziehung zu seiner Geliebten nicht mehr mit alten ödipal-inzestuösen Beziehungswünschen zu belasten. Die Oper endet jedenfalls mit dieser hoffnungsvollen Perspektive.

Was ist mit Agathe und ihrer Herausentwicklung aus ödipalen Vaterbindungen?

Agathe macht – auf einer symbolischen Ebene – erste Erfahrungen mit Art und Natur männlicher Sexualität. Es sieht so aus, dass durch diese Erfahrung ein Erwachen aus ihrem mädchenhaften Dornröschenschlaf gelingt. Aber eine vergleichbare differenzierte Zeichnung von psychischen Entwicklungskonflikten und deren Durcharbeitung wie bei Max ist für Agathes Person in dieser Oper nicht zu erblicken. Zur Emanzipation der Frau beizutragen gehörte wohl auch nicht zu den vorrangigen Anliegen der Männer der Frühromantik – einschließlich ihrer Komponisten und Librettisten.

# 13. Schluss

Wir hatten eingangs den Wald als den eigentlichen Hauptdarsteller in Webers »Freischütz« bezeichnet. Diese Anmutung hat sich auf vielfache Weise bestätigt, denn wir haben den Wald als Symbol für die begehrte Mutter der Ödipalzeit kennen gelernt. Der Wald ist einerseits unberührte Natur, so wie sich der ödipale Knabe die Mutter phantasiert, andererseits Ort eines lustvollen »freudigen Krieges«. Die Jagd steht in einem deutlichen symbolischen Zusammenhang mit sexuellem Genuss einerseits, der sich beim Treiben und Schiessen des Wildes einstellt, aber andererseits auch mit der unter keiner Strafandrohung stehenden Tötung des Rivalen. Damit sind im Bild des Waldes die zentralen Elemente des ödipalen Dramas enthalten, und jeder Jäger erweist sich als ein erfolgreicher ödipaler Rebell, der – symbolisch gesprochen – die Mutter in seinen Besitz gebracht hat.

Das Erstaunliche ist, dass im »Freischütz« nicht nur Facetten ödipalen Fühlens und Phantasierens auf die Bühne gebracht werden, sondern das Geschehen einen nahezu vollständigen therapeutischen Prozess der Überwindung und Meisterung einer ödipalen Fixierung beschreibt. Es wird der Abstieg ins Unbewusste beschrieben mit dem dazugehörigen Zittern und Zagen, sowie das Wiederauffinden der verdrängten Gefühle, die dort lagern und auf ihre Integration warten und schließlich auch der Weg, wie diese Ängste zusammen mit den inzestuösen und vatermordenden Triebregungen überwunden werden können. Letzteren Weg weist der Eremit, der sich damit als ein wahrhaftiger vorfreudianischer Psychoanalytiker erweist.

Doch das alles wäre wohl noch kein hinreichender Grund, um von dieser Oper begeistert zu sein. Was diese Oper zu einem großen Genuss und zur romantischen Oper schlechthin qualifiziert, ist Webers geniale Musik. Diese Musik ist deshalb genial, weil sie den Zuhörer die konflikthafte ödipale Gefühlswelt in einer urtümlichen Frische und Lebendigkeit ungebremst und ohne erhobenen Zeigefinger erleben lässt, so dass sich jeder Zuhörer an vielen Stellen selbst wie ein Jäger aus Kurpfalz fühlen darf, der in einem freudigen Krieg das Wild daherschießt, ganz wie es ihm gefällt. Wie die ödipalen Wunschphantasien in ihrer Lust und die ödipalen Ängste in ihrer Bedrohlichkeit, so erfahren auch die aggressiven Triebregungen in ihrer Heftigkeit in Webers Musik eine ausdrucksstarke musikalische Gestaltung.

So hat uns der Opernabend ein teilnehmendes Miterleben dramatischer ödipaler Affekte geboten, die stets sicher gerahmt und gehalten und am Ende einer befreienden Lösung zugeführt wurden. Was will man mehr!

# Literatur

Arndt, Ernst Moritz (1819): Briefe an Psychidion oder Über weibliche Erziehung. In: Friedrich Mann (Hg.): Bibliothek pädagogischer Klassiker. Langensalza 1904.

Blankenagel, John C. (1940): Die Hauptmerkmale der deutschen Romantik. In: Prang, Helmut (Hg.): Begriffsbestimmung der Romantik. Darmstadt: Wissenschaftliche Buchgesellschaft 1968.

Britton, Ronald (1998): Glaube, Phantasie und psychische Realität. Psychoanalytische Erkundungen. Stuttgart: Klett Cotta 2001.

Budussin (1774): Das Mädchen. 2 Bde.

Campe, J. H. (1787): Höchstnöthige Belehrung und Warnung für junge Mädchen zur frühen Bewahrung ihrer Unschuld. Wolfenbüttel.

Grunberger, Bela (1980): Von der Analyse des Ödipus zum Ödipus des Analytikers. In: Narziss und Anubis. Die Psychoanalyse jenseits der Triebtheorie, Bd. 2. München: Verlag Int. Psychoanalyse 1988.

Klemperer, Victor (1922): Romantik und französische Romantik. In: Prang, Helmut (Hg.): Begriffsbestimmung der Romantik. Darmstadt: Wissenschaftliche Buchgesellschaft 1968.

Müller-Pozzi, Heinz (1991): Psychoanalytisches Denken. Eine Einführung. Bern Stuttgart Toronto: Verlag Hans Huber.

Parin, Paul (2003): Die Leidenschaft des Jägers. Erzählungen. Hamburg: Europäische Verlagsanstalt.

Pahlen, Kurt (1982): Carl Maria von Weber – Der Freischütz. Textbuch, Einführung und Kommentar. Mainz: Schott 1995.

Weber, Carl Maria von (1821): Der Freischütz. Oper in drei Aufzügen. Klavierauszug. Leipzig: Peters.

Zentner, Wilhelm (1984): Carl Maria von Weber: Der Freischütz. Einleitung zum Textbuch. Stuttgart: Reclam.

**Empfohlene Musikaufnahme**

## Carl Maria von Weber: Der Freischütz

Peter Schreier (Max), Gundula Janowitz (Agathe), Edith Mathis (Ännchen), Theo Adam (Kaspar), Franz Crass (Eremit), Bernd Weikl (Ottokar), Siegfried Vogel (Kuno), Gunter Leib (Kilian)

Rundfunkchor Leipzig, Staatskapelle Dresden.
Leitung: Carlos Kleiber

Deutsche Grammophon (1973).

2004 · 106 Seiten · Broschur
EUR (D) 10,– · SFr 18,30
ISBN 3-89806-313-5

Bernd Oberhoff

WOLFGANG A. MOZART:
DON GIOVANNI

Ein psychoanalytischer
Opernführer

IMAGO
Psychosozial-Verlag

Mozarts »Don Giovanni« enthält unterhalb des sichtbaren Bühnengeschehens noch eine tiefere, psychologische Sinnebene. Es ist die besondere Qualität der Musik wie auch das bedrohliche Wiederauftauchen des ermordeten Vaters als ein steinerner Geist am Ende der Oper, die erahnen lassen, dass unterhalb ödipaler Anklänge in dieser Oper noch ein früheres, archaischeres Drama zur Darstellung gelangt.

Weitere Veröffentlichungen von Bernd Oberhoff im Psychosozial-Verlag u.a.:

*Die seelischen Wurzeln der Musik. Psychoanalytische Erkundungen*
*(Mai 2005),*

*Wolfgang A. Mozart: Così fan tutte. Ein psychoanalytischer Opernführer* (2004),

*Wolfgang A. Mozart: Die Zauberflöte. Ein psychoanalytischer Opernführer* (2003),

*Christoph W. Gluck: Orpheus und Eurydike.*
*Ein psychoanalytischer Opernführer* (2003),

*Die Musik als Geliebte. Zur Selbstobjektfunktion der Musik* (2003),

*Psychoanalyse und Musik. Eine Bestandsaufnahme* (2002),

*Das Unbewusste in der Musik* (2002).

P🔲V
**Psychosozial-Verlag**